Table of Conte

Fan's Dictionary – Boru
Songbook

About This Book	3
1-9	5
A	7
B	20
D	51
E	66
F	79
G	81
H	89
I	93
J	97
K	99
M	110
N	113
O	115
P	119
R	121
S	123
T	136
U	141
W	145

Y 162
Z 163

Over the years Borussia Dortmund fans have created incredible atmospheres in football grounds and come up with some of the creative chants and songs. This book is a guide for these chants and songs written by the Borussia Dortmund supporters.. From the Heja BVB, Europapokal, BVB Walzer, Wir halten deine Fahne hoch, Forza BVB, Es war Liebe auf den ersten Blick, to songs dedicated to the various players and staff, the very best of the terrace chants, songs, and timeless classics, this book will delight and entertain in equal measure and honors every single Borussia Dortmund fan who has ever sung in support for the team throughout its proud history.

All the songs and chants in this book are written and sang by the Borussia Dortmund supporters during football matches, at pubs and bars or posted to message boards, they are not the thoughts or views of the authors.

WRITE TO US

We greatly value your opinion. We would love to hear your thoughts and recommendations about this book so we can improve! Write to us: fansdictionary@gmail.com

COPYRIGHT

Copyright © 2020 by Fan's Dictionary

The author have provided this book to you for your personal use only. Thank you for buying and for complying with copyright laws by not reproducing, scanning, or distributing any part of it in any form without permission.

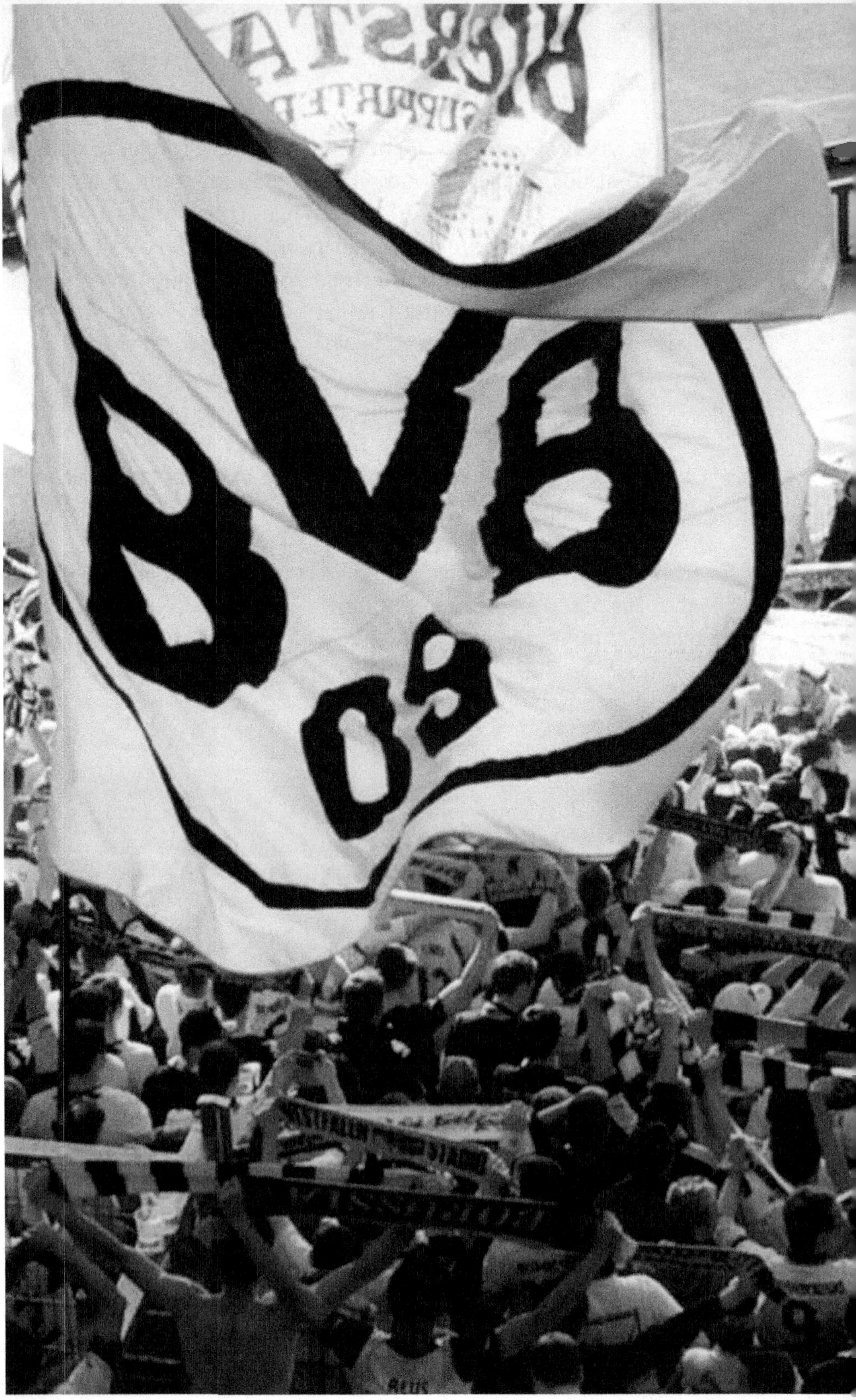
BVB
09

11 KLEINE BAYERNLEIN

11 kleine Bayernlein, die wollten Fußball seh`n,
Sie gingen auf den Betzenberg, da warens nur noch zehn,
10 kleine Bayernlein, vom Meister tun 'se träume,
Der Betze, der hat abgeräumt, da warens nur noch neune,
9 kleine Bayernlein, die han sich warm gemacht,
Dem einen wurd' das Bein gestellt, da warens nur noch acht,
8 kleine Bayernlein, die konnten nicht mehr siegen,
Der Trap, der hat sich aufgeregt, da warens nur noch sieben...

...7 kleine Bayernlein, für Lautern doch ein Klecks,
Der Kuffour schoß aufs eig'ne Tor, da warens nur noch sechs,
6 kleine Bayernlein besuchten mal den Stumpf,
Doch leider war der Ehrmann da, da warens nur noch fünf,
5 kleine Bayernlein, die tranken einmal Bier,
Der Basler hat zuviel gekippt, da warens nur noch vier
4 kleine Bayernlein, die sahen Harald Schmidt,
Der Trap, der dachte sich dabei, daß mach ich nicht mehr mit,
3 kleine Bayernlein, die kriegten nur noch Brei,
Einer fraß den Löffel mit, da warens nur noch zwei...

ABSTIEGSKAMPF ODER POKALE

Borussia Dortmund,
schwarz und gelb ist mein Verein.
Abstiegskampf oder Pokale,
Borussia Dortmund,
sing' für dich damit du siegst,
weils für mich und meine Freunde
auf der Welt nichts schöneres gibt.

ALE ALE ALE ALE OH

Ale ale ale ale oh BvB 09,
Ale ale ale ale oh BvB 09,
Ale ale ale ale oh BvB 09,
Ale ale ale ale oh BvB 09,
Ale ale ale ale oh BvB 09,
Ale ale ale ale oh BvB 09.

Wir sind die Fans von Borussia Dortmund,
Und wir lieben den Verein,
Schwarz-gelb sind unsre Farben,
So soll es sein.

Wir halten fest zusammen,
Und wir stehen hinter dir,
Egal was auch geschehn mag,
Wir sind hier...

Ale ale ale ale oh BvB 09,
Ale ale ale ale oh BvB 09,
Ale ale ale ale oh BvB 09,
Ale ale ale ale oh BvB 09.

Wir werden dich begleiten,
Und immer zu dir stehn,
Borussia du wirst niemals untergehn.

Wir kennen keine Feindschaft,
Fairplay heisst unser Spiel,
Mit dir bist ganz nach oben,
Das ist unser Ziel.

Ale ale ale ale oh BvB 09,
Ale ale ale ale oh BvB 09,
Ale ale ale ale oh BvB 09,
Ale ale ale ale oh BvB 09,
Ale ale ale ale oh BvB 09,
Ale ale ale ale oh BvB 09,
Ale ale ale ale oh BvB 09...

ALLEZ ALLEZ ALLEZ ALLEZ

Allez allez allez allez oh BVB null neun,
Allez allez allez allez oh BVB null neun,
Allez allez allez allez oh BVB null neun...

ALLEZ BORUSSIA BVB

Allez,
Borussia BVB,
Borussia BVB,
Borussia BVB,
BVB,
BVB,
Allez...

ALLEZ BORUSSIA DORTMUND BVB

Allez,
Borussia Dortmund BVB,
Borussia Dortmund BVB,
Borussia Dortmund BVB
Allez...

ALLEZ ALLEZ BVB

Allez allez BVB,
Allez allez BVB,
Allez allez BVB,
Allez BVB...

AM BORSIGPLATZ GEBOREN

Wir sind alle am Borsigplatz geboren,
Haben früh schon, doch für alle Zeiten
unser Herz verloren,
Wir spürten, dass - egal wohin die
Fussballwelt sich dreht -
Borussia Dortmund niemals untergeht,
Es gab Zeiten, da gings uns richtig schlecht,
Wir blickten in den Abgrund und schworen
uns: "Jetzt erst recht"
Gemeinsam durch das Tränental,
Geschlossen Hand in Hand,
Und am Ende der dunklen Gasse erstrahlt
die gelbe Wand.

Borussia Dortmund 09,
Hundertausend Freunde, ein Verein,
Die Menschen im schwarz und gelben
Ruhrgebiet,
Werden immer stolz an deiner Seite sein...

…Gold'ne Zukunft braucht Vergangenheit,
Wir denken an die Jungs von früher, in tiefer Dankbarkeit,
Unser Herz ist voller Leidenschaft, der Wille ist aus Stahl,
Wer uns in unserem Stolz verletzt, der macht das nur ein Mal,
Eine Liebe, die für alle Zeiten hält,
Weil wir wissen, dass im schönsten Stadion der Welt,
Elf Borussen auf dem Rasen für das große Ganze stehen,
Und wir für unseren BVB durch jedes Feuer gehen.

Borussia Dortmund 09,
Hundertausend Freunde, ein Verein,
Die Menschen im schwarz und gelben Ruhrgebiet,
Werden immer stolz an deiner Seite sein…

...Borussia Dortmund 09,
Hundertausend Freunde, ein Verein,
Die Menschen im schwarz und gelben Ruhrgebiet,
Werden immer stolz an deiner Seite sein.

Es gab Zeiten, da gings uns richtig schlecht,
wir blickten in den Abgrund und schworen uns: "Jetzt erst recht",
Gemeinsam durch das Tränental geschlossen Hand in Hand,
Und am Ende der dunklen Gasse erstrahlt die gelbe Wand.

Borussia Dortmund 09,
Hundertausend Freunde, ein Verein,
Die Menschen im schwarz und gelben Ruhrgebiet,
Werden immer stolz an deiner Seite sein...

...Borussia Dortmund 09,
Hundertausend Freunde, ein Verein,
Die Menschen im schwarz und gelben Ruhrgebiet,
Werden immer stolz an deiner Seite sein.

AM TAG ALS DER FC SCH*IßE STARB

Wir lagen träumend im Gras,
Die Köpfe voll verrückter Ideen,
Da sagte Jumbo zum Spaß,
Komm, laß uns mal auf Sch*isse gehen,
Doch der Rauch schmeckte bitter,
Aber Jumbo sagte uns, was er sah,
Ein Meer von schwarz-gelber Fahnen,
Wir ahnten nicht, was bald darauf Geschah...

...Am Tag, als der FC Sch*isse starb,
Und alle Borussen sangen,
Daaaaaaas war ein schöner Tag,
Als in Sch*isse eine Welt zerbrach.

Er versprach oft, ich lass es sein,
Sas gab uns wieder neuen Mut,
Und wir redeten uns ein,
Mit Siegen (Andy) wird alles wieder gut,
Doch aus den Siegen da wurde nichts,
Es gab keinen Halt auf der Abstiegsbahn,
Die Leute fingen an (hörten auf) zu reden,
Aber keiner bot Scheisse Hilfe an...

Am Tag...

...Ein Sch*isser sagt zu mir,
Sie werden Deutscher Meister sein,
Doch wir lachten ihn nur aus,
Und schlugen ihm die Fresse ein,
Er hatte nicht einmal mehr Zähne,
Er hat sie alle verloren im Kampf,
Doch Prügel bezog er weiter,
Ihm blieben nur noch die Schmerzen,
An denen er starb.

Am Tag...

Kein Sch*isser hat das Recht zu leben,
Die Luft zum Atmen ist viel zu schade
für sie,
Und sind sie erstmal ausgerottet,
So werden wir zu ihrem Begräbnis ziehen.

Am Tag...

AM TAG ALS DER FC SCHALKE STARB

Kein Schalker hat das Recht zu leben,
Die Luft zum atmen ist viel zu schade für sie,
Und sind sie einmal ausgerottet,
Werden wir zu ihrem Begräbnis ziehen!

Am Tag, als der FC Schalke starb
Und alle Borussen sangen:
Das war ein schöner Tag,
Als auf Schalke eine Welt zerbrach...

AUF GEHT'S DORTMUND

Auf geht's Dortmund,
Kämpfen und siegen,
Weil wir dich so lieben,
Gewinnst du dieses Spiel für uns...

AUF GEHT'S SCHWARZ-GELBE JUNGS

Auf geht's schwarz-gelbe Jungs,
Auf geht's schwarz-gelbe Jungs,
Auf geht's schwarz-gelbe Jungs,
Schießt ein Tor für uns...

AUFSTEHEN

Aufstehen! Aufstehen! Aufstehen!

BALLSPIELVEREIN BORUSSIA

Ballspielverein Borussia Dortmund schon seit 1909.
Bei jedem Spiel von dir, da werde ich sein.
Du bist für immer mein Verein. So soll es sein.

BALLSPIELVEREIN BORUSSIA AUS DORTMUND

Ballspielverein Borussia aus Dortmund,
Wir folgen dir egal wohin es geht,
Auch in ganz schweren Zeiten werden wir dich stets begleiten,
Borussia wir sind immer für dich da.

BALLSPORTVEREIN

Ohh,
Ohhh,
Ohhh,
Ballsportverein,
Ballsportverein,
Ballsportverein 09...

BAYERN WHO THE F*CK IS BAYERN

Bayern, who the f*ck is Bayern,
Bayern, Bayern, who the f*ck is Bayern,
Bayern, Bayern, who the f*ck is Bayern,
Forever number one wollten sie sein,
big shots, stars vom Nobelverein,
Doch was übrig bleibt ist ja so traurig
für die Bayern...

...Bayern, who the f*ck is Bayern,
Forever number one kann doch keiner sein,
Nnicht einmal das Dreamteam vom,
Nobelverein,
Ja das wissen selbst die treuesten Fans von den Bayern.
Bayern, who the f*ck is Bayern?

Bayern, who the f*ck is Bayern?
Dreizehn Mal Meister ist noch nicht genug,
Doch Trophäenwechsel tut der Liga gut,
Das wissen selbst die Fussballfans aus Bayern.
Ohh, viele Trainer mussten schon gehn,
Doch keiner kann es nachvollziehn,
Dass ein Dreamteam nicht kämpft,
Fuer Millionen und fuer die Bayern...

...Bayern, who the f*ck is Bayern,
Forever number one wollen sie sein,
Big shots, stars vom Millionenverein,
Doch was übrigbleibt ist ja so traurig fuer die Bayern.

Bayern, who the f*ck is Bayern,
Schaun mer mal, schaun mer mal, wohin solln wir denn schaun,
Vorbei ist's mit der Meisterschaft, die haben sie verhaun,
Da helfen keine Worte vom Vizekaiser Franz aus Bayern.

Bayern, who the f*ck is Bayern?
Forever number one, kann doch keiner sein,
nicht einmal das Dreamteam vom,
Nobelverein,
Ja das wissen selbst die treuesten Fans von den Bayern,
Bayern, who the f*ck is Bayern?

BBB VVV BBB

BBB VVV BBB,
Borussia BVB...

BESCHIMPFUNGEN

H*rensoehne,
H*rensoehne...

BORRUSSIA DORTMUND ALLEZ

Woah.
Borrussia Dortmund allez woah,
Borrussia Dortmund allez,
Borrussia Dortmund allez woah...

BORUSSIA BORUSSIA

Borussia, Borussia,
Borussia, Borussia,
Borussia, du bist Leidenschaft, die verbindet und Freunde schafft,
Borussia, du verkörperst die Region. Für manche von uns sogar Religion,
An dir schauen viele Menschen auf,
Du findest immer wieder einen Weg, du stehst immer wieder auf,
Borussia, du bist meisterlich und grade deswegen lieben wir dich.

Borussia, Borussia,
Borussia, Borussia,
Borussia, Borussia,
Borussia, Borussia,
Borussia, Borussia,
Borussia, Borussia.

BORUSSIA DORTMUND (KLATSCHEN)

Borussia Dortmund
(clap, clap, clap, clap),
Borussia Dortmund
(clap, clap, clap, clap),
Borussia Dortmund
(clap, clap, clap, clap),
Borussia Dortmund
(clap, clap, clap, clap),
Borussia Dortmund
(clap, clap, clap, clap)...

BORUSSIA DORTMUND ALLEZ ALLEZ

Allez allez,
Allez allez allez,
Borussia Dortmund Borussia Dortmund,
Borussia Dortmund allez allez...

BORUSSIA DORTMUND BIS IN DEN TOD

Wir sind aus Dortmund, aus Westfalen,
Schwarz und Gelb sind unsere Farben,
Bei Blau und Weiß, da sehen wir Rot,
Borussia Dortmund bis in den Tod.

BORUSSIA DORTMUND INTERNATIONAL

Erste Runde Krankenschein,
Dann die Oma tot,
Überstunden nehmen wir zur Not,
Dann kommt die Kündigung,
Scheiß egal,
Borussia Dortmund international!,
Europapokal!

BORUSSIA DORTMUND OLE

Ole ole,
Ole ole ,
Ole ole ole,
Ole ole ole,
Borussia Dortmund ole,
Borussia Dortmund ole,
Borussia Dortmund ole...

BORUSSIA DORTMUND SCHALALALALA

Borussia Dortmund,
Schalalalala,
Borussia Dortmund,
Scha la la la la la,
Borussia Dortmund,
Scha la la la la la...

BORUSSIA DORTMUND TRALALALA

Borussia Dortmund traalalala,
Borussia Dortmund traalalala,
Borussia Dortmund traalalala,
Borussia Dortmund traalalala...

BORUSSIA DORTMUND UNSERE DROGE

Borussia Dortmund,
Du bist unsere Droge.
Wir brauchen dich täglich,
Es geht nicht mehr ohne,
Du gibst uns die Freiheit,
Nach der wir so streben,
Borussia Dortmund,
du bist unser Leben..

BORUSSIA MEIN TRAUM

Es ist meine Stadt, mein Verein, meine Liebe, mein Stolz, mein Leben,
Ich werd für mein Verein alles geben.
Werde ihn supporten. Ich werde ihn nach vorne bringen,
Ich lass in meinen Zeilen meine Liebe zu Borussia erklingen,
Du bist mein Schatz, den ich in mein'm Herz trag,
Ich bin bei dir, auch steckst du in der tiefsten Lage,
Ich bleib so lange bei dir, bis es mich nicht mehr gibt,
Ich weiß das ich dich schätze und nur dich für mich gibt...

..Ich fang jetzt mal an. Ich lieb den BVB,
Kein Verein wie Scheiß 04 oder den FCB,
Es der Verein für den ich mein Leben lang steh,
Ich supporte ihn von der Isar bis zu der Spree,
Ich bin bei jedem Spiel dabei was auch passiert,
Hurra die Dortmunder sind da und wir sind einmarschiert. Yeah,
Ich liebe es im Block zu stehn, richtig abzugehn und unter mir die Tribüne einfach beben zu sehn,
Ich liebe es mit meinen Freunden zu fahren,
Das sind The Unity,
Die Leute sind so geil, die vergess ich nie,
Zurück zum Thema. Man habe ich es gehasst,
Den Laden verkauft, spüre nur noch abgrundtiefen Hass...

..Ich fang jetzt mal an. Ich lieb den BVB,
Kein Verein wie Scheiß 04 oder den FCB,
Es der Verein für den ich mein Leben lang steh,
Ich supporte ihn von der Isar bis zu der Spree,
Ich bin bei jedem Spiel dabei was auch passiert,
Hurra die Dortmunder sind da und wir sind einmarschiert. Yeah,
Ich liebe es im Block zu stehn, richtig abzugehn und unter mir die Tribüne einfach beben zu sehn,
Ich liebe es mit meinen Freunden zu fahren,
Das sind The Unity,
Die Leute sind so geil, die vergess ich nie,
Zurück zum Thema. Man habe ich es gehasst,
Den Laden verkauft, spüre nur noch abgrundtiefen Hass...

...Ich bin ein Typ der nach Rückschlägen auch noch nach vorne sieht,
Ich weiß dass wir es schaffen und es irgendwann geschieht,
Ich weiß wir kaufen bald den Stadionnamen zurück,
Wir kaufen ihn Teil für Teil wir holn ihn Stück für Stück.

Es ist meine Stadt, mein Verein, meine Liebe, mein Stolz, mein Leben,
Ich werd für mein Verein alles geben,
Werde ihn supporten. Ich werde ihn nach vorne bringen,
Ich lass in meinen Zeilen meine Liebe zu Borussia erklingen,
Du bist mein Schatz, den ich in mein'm Herz trag,
Ich bin bei dir, auch steckst du in der tiefsten Lage...

...Ich bleib so lange bei dir, bis es mich nicht mehr gibt,
Ich weiß das ich dich schätze und nur dich für mich gibt.

Irgendwann sind wieder mal das was wir mal waren,
Sind das Westfalenstadion und wir haben schwarz gelbe Farben,
Ich bin in diesem geilen Stadion aufgewachsen,
Zu einem Mann mit Haaren auf der Brust herangewachsen,
Ich sah nur wie es immer tiefer in den Abgrund geht,
Wenn Niebaum oder Meier angeblich an unsrer Seite steht,
Deswegen entschlossen wir uns eine Demo zu machen,
Ließen es vom Rathaus bis zum Stadion krachen...

...Endlich haben wir es geschafft sie sind zurück getreten,
Trotzdem musste wir vor unserem Radio beten,
Ich hörte die Lizenz wird dem BVB gegeben,
Ich konnte mich nicht halten. Musste mich sofort erheben,
Ich wusste jetzt mach mir Fußball wieder richtig Spaß,
Also supporte ich sie laut und ich gebe richtig Gas,
Ich weiß nur 34 Spiele ist ein Ziel,
Deswegen verfolge ich vom BVB einfach jedes Spiel. Tschüss.

Es ist meine Stadt, mein Verein, meine Liebe, mein Stolz, mein Leben,
Ich werd für mein Verein alles geben,
Werde ihn supporten. Ich werde ihn nach vorne bringen...

...Ich lass in meinen Zeilen meine Liebe zu Borussia erklingen,
Du bist mein Schatz, den ich in mein'm Herz trag,
Ich bin bei dir, auch steckst du in der tiefsten Lage,
Ich bleib so lange bei dir, bis es mich nicht mehr gibt,
Ich weiß das ich dich schätze und nur dich für mich gibt.

BORUSSIA, BORUSSIA, BORUSSIA

Borussia, Borussia, Borussia...

BORUSSIA SEIT 1909

Borussia Borussia,
Seit 1909,
BVB Null Neun,
Ein Klub der Tradition,
Für manche Religion,
Pokale und Trophäen,
Sind heute noch zu sehen,
Die Zeit war oft nicht leicht,
Doch wir haben viel erreicht.

Borussia, Borussia,
Borussia, Borussia,
Borussia, Borussia,
Borussia...

...Das Herz in der Region,
Westfalenstadion,
Geschichte die man schrieb,
Hier im Ruhrgebiet,
Und auch in dieser Zeit,
Borussia steht bereit,
Wir Fans stehn hinter dir,
Schwarz-gelbes Revier.

Borussia, Borussia,
Borussia, Borussia,
Borussia, Borussia,
Borussia.

Borussia, Borussia,
Borussia, Borussia,
Borussia, Borussia,
Borussia.

Borussia...

...Es gibt für uns nur einen Verein,
egal was auch geschieht,
BVB,
Schwarzgelb so muß die Farbe sein,
die jeder von uns liebt,
BVB
Mit Pauken und Trompetenklang,
Zieh'n wir durch's Stadiontor,
Und 50.000 singen dann,
Als wär's ein großer Chor,
BVB, BVB das ist mein Verein,
Immer will ich treu dir sein,
Treue halten Jahr für Jahr,
Nur dem BVB-Borussia,
Dortmund, wir kommen,
Alle deine Fans von fern und nah,
Dortmund, wir kommen,
BVB-Borussia,
Die ganze Woche wird malocht,
Auf Teufel komm' heraus,
BVB...

„Drum freu'n wir uns auf's Wochenend,
dann fahren wir hinaus,
BVB,
Was hält uns überhaupt noch hoch,
Die Arbeit? Nein, der Ball,
Und sind wir erst im Stadion hört man es überall,
BVB, BVB das ist mein Verein,
Immer will ich treu dir sein,
Treue halten Jahr für Jahr,
Nur dem BVB-Borussia,
Dortmund, wir kommen,
Alle deine Fans von fern und nah,
Dortmund, wir kommen,
BVB-Borussia,
Ein Tor nach dem anderen soll fallen
für wen, das ist doch klar,
BVB,
Für die tollen Jung's vom BVB,
Jetzt sind sie wieder da,
BVB..."

...Sie stürmen, sie geh'n alle ,ran,
Bis das Herz vor Freude springt,
Und dann hört man im Stadion,
Wie alles, alles singt:
BVB, BVB das ist mein Verein usw.

Ob es regnet, ob es schneit,
Das macht uns nichts aus,
Immer wenn die Mannschaft spielt,
Bleib'n wir nicht zu Haus,
Immer dann geht es ran,
Und es stimmt ein jeder an.

Der BV. – BV. Borussia,
Ja das ist mein Verein,
Drum hoffen wir bei jedem Spiel,
Der Sieg muß unser sein...

...Mit Fahnenschwenken und Trara,
Da weiß gleich jedes Kind,
Daß wir mit BV.-Borussia,
Die Jung's aus Dortmund sind,
Die Jung's aus Dortmund sind,
Läuft auch ‚mal verkehrt,
Könn' wir nichts dafür,
Immer schmeckt und dann zum Trost
noch das kühle Bier,
Und auch dann geht es ran,
Und es stimmt ein jeder an.

BVB BORUSSIA

Sha la la la la la la,
La la la la la la la,
Sha la la la la la la ,
BVB Borussia...

BVB ECHO

BVB,
BVB...

BVB GESANG

Wir haben keinen Text für diesen Gesang bekommen. Falls du ihn kennst, immer her damit.

BVB MEISTERSONG '95

Jetzt gehts los,
Hey, na na na na na,
BVB, na na na na na,
Wer ist Deutscher Meister,
Hey, na na na na na,
BVB, Borussia,
Deutscher Meister 95...

..Hey, na na na na na,
BVB, na na na na na,
BVB, Borussia,
Hey, na na na na na,
BVB, Borussia,
Come on.

Wir haben lang gewartet,
auf Meisterschaft und Sieg,
Jetzt stehn wir an der Spitze,
Und in der Champions League,
Schwatzgelb ist unser Leben,
Schwatzgelb ist unsere Welt,
Alle haben nur das Ziel,
Das ein Plan, ein Sieg im jedem Spiel.

BVB,
Hey, na na na na na,
BVB, na na na na na,
Hey, na na na na na,
BVB, Borussia...

..BVB,
Wir sind Deutscher Meister,
BVB,
Und das sind wir zurecht,
BVB,
Uns gehört die Schale,
BVB,
Die Leidenschaft ist echt,
Nach 32 Jahren ist der Titel wieder da,
mit Sammer, M*ller, Chapuisat,
Der Traum der wurde wahr,
Ob München oder Werder,
Kein Gegner ist zu schwer,
Denn Ottmar und sein starkes Team,
Das ist ein Paar, uns war allen klar.

BVB
Hey, na na na na na,
BVB, na na na na na,
Hey, na na na na na,
BVB, Borussia...

..Hey, na na na na na,
BVB, na na na na na,
Hey, na na na na na,
BVB, Borussia.
Hey, na na na na na,
BVB, na na na na na,
Hey, na na na na na,
BVB, Borussia.

Wir haben lang gewartet,
Auf Meisterschaft und Sieg,
Jetzt stehn wir an der Spitze,
Und in der Champion League,
Schwatzgelb ist unser Leben,
Schwatzgelb ist unsere Welt,
Alle haben nur ein Ziel,
Das ein Plan, ein Sieg im jedem Spiel,
BVB.

BVB OLE OLE

Ole ole ole,
BVB ole ole,
BVB ole,
BVB ole,
BVB ole ole...

BVB, BVB, BVB

BVB BVB BVB,
BVB BVB BVB,
BVB BVB BVB,
BVB BVB...

BVB-WALZER

Ja jetzt sind wir wieder da,
Und die Massen schrein' "Hurra",
Immer wieder ha-ho-he,
Ja das ist der BVB,
Ist die Meisterschaft geschafft,
Zieh'n wir hin zum Borsigplatz.

Und dann feiern wir die Nacht,
In schwarzgelben Farbentracht,
Den BVB-Walzer tanzen wir,
Du mit mir. Und ich mit dir,
Den BVB-Walzer tanzen wir,
Und ham wir die Meisterschale,
dann trinken wir noch mehr.
Den BVB-Walzer tanzen wir,
Du mit mir. Und ich mit dir,
Den BVB-Walzer tanzen wir,
Und ham wir die Meisterschale,
dann trinken wir noch mehr...

...Ist die Feierei vorbei,
Ja dann folgt das größte Ei,
Otto lässt die Löwen los,
Und die Mannschaft spielt famos,
Ham wir den Europacup,
Viele Bayern sind dann platt,
Alle Fans die sind dabei,
Und sie feiern das größte Ei.

Den BVB-Walzer tanzen wir,
Du mit mir. Und ich mit dir,
Den BVB-Walzer tanzen wir,
Und haben wir den Cup,
Sind viele Bayern platt.

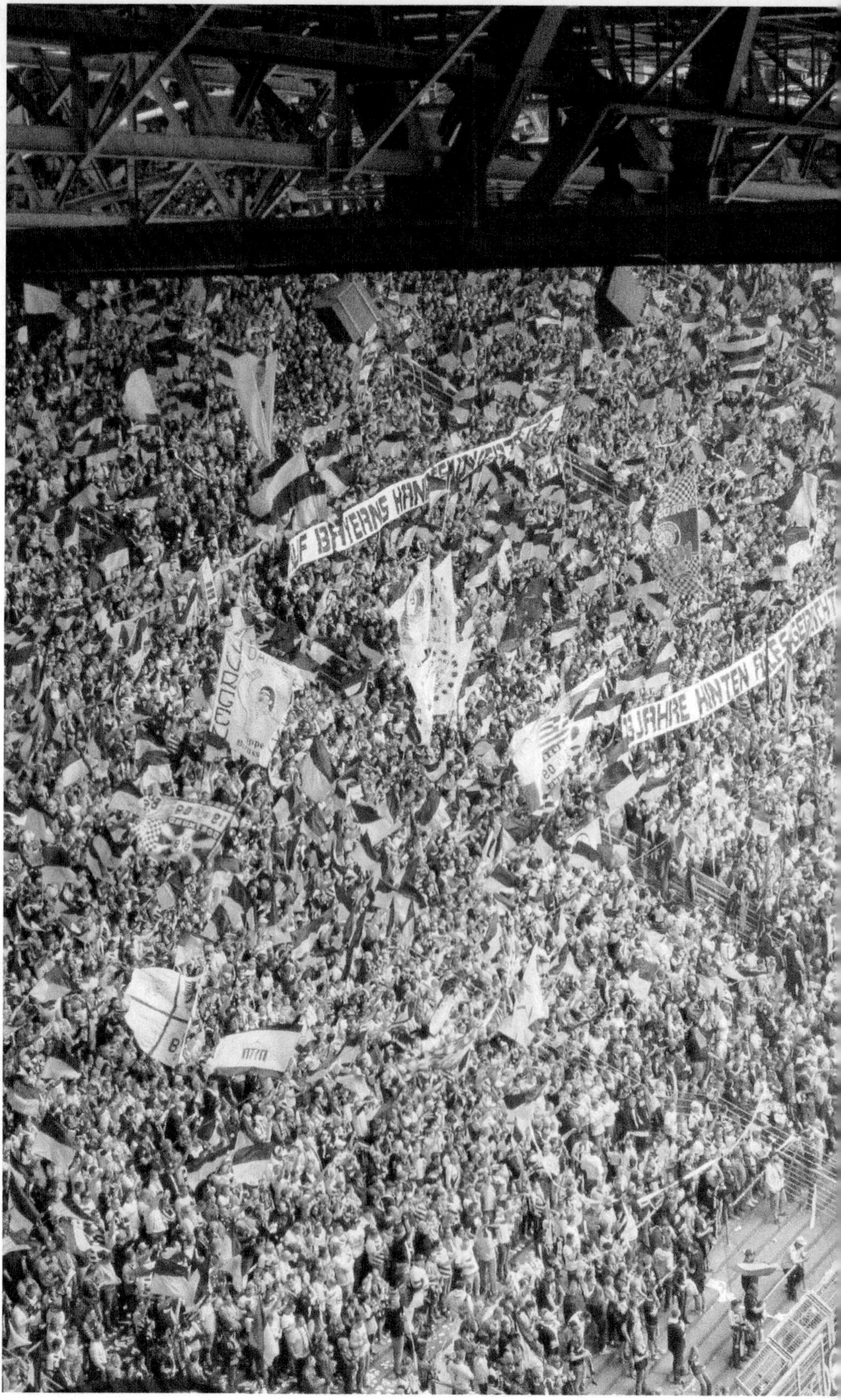

DAMIT DU NIE ALLEINE BIST

Und immer wenn Borussia spielt,
Steht die Kurve hinter Dir,
Damit du nie alleine bist,
Borussia BVB.

Lalalalalalala
Lalalalalalala
Lalalalalalala
Borussia BVB.

DANN FEUERN WIR SIE AN

Wenn wir auf der Südtribüne steh'n,
Und Borussia Dortmund siegen seh'n,
Dann feuer'n wir sie an,
So laut wie jeder kann,
Allez Borussia Dortmund le olé, Allez,
Borussia Dortmund le olé.

DAS GANZE STADION SINGT

Das ganze Stadion singt, der BVB gewinnt,
Über das Spielfeld hinaus unser Schlachtruf erklingt,
Oh BVB, Borussia Dortmund,
Schalalalalala...

DAS LEBEN BEGINNT

Das Leben beginnt,
Wenn die Kurve singt, hüpft und springt,
Borussia mein Verein,
Will immer bei dir sein,
Nur du ganz allein Ballspielverein.

DAS LEBEN BEGINNT

Wir wollen den Derby Sieg,
Wir wollen den Derby Sieg,
Wir wollen wir wollen,
Wir wollen den Derby Sieg...

DEUTSCHER MEISTER ALLER

Ole, ole, ole, wir Fans vom BVB,
Ole, ole, ole, sind die besten Fans der Liga,
In der Fussballbundesliga,
Da gibt es viele Fans,
Aber in Dortmund gibt es uns
Borussiafans,
Ob an der Nordseeküste,
Oder am Alpenrand,
Das ist doch allen längst bekannt,
längst bekannt,
Super, super BVB, super, super BVB,
Super, super BVB, super, super BVB..

...Wer hat in der Liga, 'nen Schuss wie'n Hammer,
Der beste Libero: Matthias Sammer,
Aus der Mitte stürmt Möller im Turbogang vor,
Flanke auf Chappi, und der Ball ist im Tor,
Und der Mann, der in Dortmund die Mannschaft aufstellt,
Der heisst hier bei uns: Ottmar Hitzfeld,
Borussiafans, das sind wir,
Deutscher Meister aller Fans,
Borussiafans, das sind wir,
Deutscher Meister aller Fans.

Ole, ole, ole, wir sind Fans vom BVB,
Ole, ole, ole, sind die besten Fans der Liga,
Ob auswärts oder zu Hause...

...Wir Fans sind immer da,
Wir machen jedes Stadion zur Bastion,
Und ist Borussia Meister,
Wird Deutschland umbenannt,
Dann sprechen alle nur noch von:
Borussialand.
Borussiafans, das sind wir,
Deutscher Meister aller Fans,
Borussiafans, das sind wir,
Deutscher Meister aller Fans.

Ole, ole, ole, wir sind Fans vom BVB,
Ole, ole, ole, sind die besten Fans der Liga.

DIE LICHTER GEHN' AUS

O gerad` ein Feuer war, hüllt uns Kälte ein,
Das Echo ist verhallt, nichts kann schlimmer sein,
Es fällt immer wieder schwer, nach Hause zu gehen,
Borussia - auf Wiedersehn,
Die Zeiger der Uhr dreht leider keiner zurück,
Das heisst, den Moment geniessen, diesen letzten Augenblick,
Wir lassen einfach unsere Fahnen zum Abschied nochmal weh`n -
Borussia - Auf Wiedersehn,
Good-bey, Ciao und Adieu - bis dann, mein BVB...

...Alles geht mal zu ende, alles ist mal vorbei,
Alles geht mal zu ende, doch nächstes mal sind wir wieder mit dabei,
Die Lichter gehen aus noch ein allerletztes Lied -
Doch dein Zauber, der wirkt weiter, jeder nimmt ihn für sich mit,
Um den grauen Alltag, der jetzt kommt, mit der Kraft zu übersteh`n.

DIE NR. 1 DER BUNDESLIGA

Dortmund, Dortmund, wir feiern unsern BvB,
Borussia, Borussia wir sind die Meister in diesem Jahr,
Borussia, Borussia die Nummer 1 in der Bundesliga...

...Dortmund, Dortmund, wir feiern unsern BvB,
Borussia, Borussia wir sind die Meister in diesem Jahr,
Borussia, Borussia die Nummer 1 in der Bundesliga.

Dortmund, Dortmund, wir feiern unsern BvB,
Borussia, Borussia wir sind die Meister in diesem Jahr,
Borussia,
Ooooh hey.

Dortmund, Dortmund, wir feiern unsern BvB,
Borussia, Borussia wir sind die Meister in diesem Jahr,
Borussia, Borussia die Nummer 1 in der Bundesliga...

DORTMUND

Dortmund,
Dortmund...

DORTMUND IST NE SCHÖNE STADT

Dortmund ist ne schöne Stadt, da lässt es sich gut leben,
Doch fahren wir dann zum Auswärtsspiel benehmen wir uns daneben.
Schalalala lalalala lalalalalalala,
Lalalalalalalala lalalalalalala.

DORTMUND KÄMPFEN UND SIEGEN

Auf geht's Dortmund,
Kämpfen und siegen,
Weil wir dich so lieben,
Gewinnst du dieses Spiel für uns...

DORTMUND UND DER BVB

Die Stadt und die Fans sind allererste Sahne,
Borussia Dortmund steht auf jeder Fahne,
Zu hunderten ins Stadion kommt die ganze deutsche Presse,
Denn Dortmund ist die erste Adresse.

Das ist Dortmund und der BVB,
Das ist Dortmund,
Das ist Dortmund und der BVB,
Das ist Dortmund,

Westfalenart, Westfalenart,
Wird hier konsequent mit Borussengeist gepaart,
ist Tradition, was Du erkämpfst, als roter Erdensohn,
Als roter Erdensohn...

...Das ist Dortmund und der BVB,
Das ist Dortmund,
Das ist Dortmund und der BVB,
Das ist Dortmund.

Heja Heja He BVB,
Heja Heja He BVB.

Das ist Dortmund und der BVB,
Das ist Dortmund,
Das ist Dortmund und der BVB,
Das ist Dortmund.

DORTMUND WIRD IMMER SIEGEN

Dortmund ist meine Welt,
Fußball das was mir gefällt,
Und deshalb sing ich jeden Tag,
Dieses Lied, weil ich es mag,
Jeden Samstag auf dem Platz,
Machen wir die Gegner nass,
Und bei jedem Tor brüllen wir im Chor:

Borussia werdet ihr niemals unterkriegen,
Dortmund wird immer wieder siegen,
Borussia werdet ihr niemals unterkriegen,
Dortmund wird immer wieder siegen.
Tabellenplatz 1-4,
Ja das sind wir,
Nur gegen Ende sehen wir weiter,
Denn dann sind wir Spitzenreiter,
Andern' Clubs kein Pardon,
HÖLLE Westfalenstadion,
Das ist für die, die Endstation...

...Borussia werdet ihr niemals unterkriegen,
Dortmund wird immer wieder siegen,
Borussia werdet ihr niemals unterkriegen,
Dortmund wird immer wieder siegen.

Dortmund,
Dortmund,
Dortmund,
Dortmund.

...Borussia werdet ihr niemals unterkriegen,
Dortmund wird immer wieder siegen,
Borussia werdet ihr niemals unterkriegen,
Dortmund wird immer wieder siegen.

...Borussia werdet ihr niemals unterkriegen,
Dortmund wird immer wieder siegen,
Borussia werdet ihr niemals unterkriegen,
Dortmund wird immer wieder siegen.

DORTMUNDER JUNGS

Dortmunder Jungs,
Dortmunder Jungs,
Wir sind alle Dortmunder Jungs...

DU SCHÖNER BVB

Borussia Dortmund ehhh,
Borussia Dortmund ohhh,
Borussia Dortmund ehhh,
Du schöner BVB...

DU WIRST SIEGER SEIN

Jetzt stehen wir hier,
Die Woche ist vorbei,
Es ist soweit,
Das Leben beginnt,
Wenn die Kurve singt,
Hüpft und springt,
Borussia mein Verein,
Werd immer bei dir sein, Nur du ganz allein, Ballspielverein,
Lalalalalalala Eoo eoo,
Lalalalalalala Eoo eoo,
Lalalalalalala Eoo eoo,
Lalalalalalala Eoo eoo,
Borussia Dortmund geh voran, geh voran,
Spiel den Gegner an die Wand,
Borussia Dortmund du wirst Sieger sein,
Borussia Dortmund du wirst Sieger sein...

EIN LEBEN LANG KEINE SCHALE IN DER HAND

Ein leben lang,
Keine Schale in der Hand.

EIN SCHUSS KEIN TOR DIE BAYERN

FC Bayern München,
Wir singen und tanzen auf jedem,
Fußballplatz,
Ein Schuss, kein Tor, die Bayern.

EINE MANNSCHAFT MIT ELF SPIELERN

Eine Mannschaft mit elf Spielern,
Und so vielen Superstars:
Ruben Sosa, Heiko Herrlich, Kalle Riedle,
Chapuisat.
Ja wie mag die Mannschaft heissen,
Die da spielt in schwarz und gelb,
Borussia Dortmund muss sie heissen,
Mit den besten Fans der Welt!
Lalalala lalala lalalala lalala
Lalalalalalalalalalalalalala
Lalalala lalala lalalala lalala
Lalalalalalalalalalalalalala.
'Dreissigtausend, fuenfunddreissigtausend moegen es wohl sein, jetzt kommt Dortmund,
Aber Sammer hat sich jetzt das Leder erarbeitet, treibt den Ball ueber die Mittellinie...

...passt auf die rechte Seite raus, Michael Zorc lauert 20 Meter vor dem Turiner Tor,
Bekommt jetzt den Ball, was macht er,
Wartet noch'n bischen, zoegert noch'n bischen, jetzt schiesst er,
Mit links, haelt voll drauf, das ist doch nicht zu fassen - 1:0 fuer den BVB,
Ja der Sammer, unser Libero und der Klos der steht im Tor,
Juergen Kohler, Reuter, Ricken und der Moeller noch davor,
Ja das ist der Deutsche Meister, ja das ist der BVB,
mit den besten Fans der Liga und die singen jetzt: 'Ole',
Lalalala lalala lalalala lalala
Lalalalalalalalalalalalalala
Lalalala lalala lalalala lalala
Lalalalalalalalalalalalalala...

...'Lars Ricken jetzt im Strafraum, was macht er, der haelt drauf, und ? – 2:0,
Das gibt's ja wohl gar nicht! In den Giebel donnert Lars Ricken diesen Ball,
Eine Stadt in Norditalien wird von Dortmund gern besetzt,
Und sie feiern ihre Mannschaft, ihren Super-BVB,
Ja sie kam und sang und siegte, im 'delle alpi Stadion',
Arme, alte Dame Juve, denn der Champ heisst BVB,
Lalalala lalala lalalala lalala,
Lalalalalalalalalalalalalala,
Lalalala lalala lalalala lalala,
Lalalalalalalalalalalalalala,
'Und er macht es, zirkelt den Ball um die Mauer,
Das ist der Anschlusstreffer fuer Juventus Turin...

...Aber wir sind in der Nachspielzeit.
Ottmar Hitzfeld, er laeuft auf das Spielfeld,
er klatscht jeden einzelnen seiner
Spieler ab,
Das ist ein sogenannter 'big point',
'Big-big-big-point', ein Super Juventus
Turin,
Und sein wir ehrlich, wer von uns haette
schon vor diesem Spiel damit gerechnet,
Und damit zurueck, zurueck, zurueck,
zurueck, zurueck, zurueck,
Wenn der Gegner dann besiegt ist, ja dann
haelt uns gar nichts mehr,
Bald dann stehn wir im Finale und dann
holen wir den Sieg,
Alle werden uns bestaunen, ja das ist die
Champions League,
Wer ist nun die Macht Europas? - Borussia
Dortmund, BVB...

Lalalala lalala lalalala lalala,
Lalalalalalalalalalalalala,
Lalalala lalala lalalala lalala,
Lalalalalalalalalalalalala.

Dreimal darfst Du raten, wer Deutscher Meister wird.

EINS ZWEI ZAUBEREI

Eins, zwei Zauberei,
Drei, vier im Revier,
Fünf, sechs wie verhext,
Sieben, acht Borussen-Macht.

Eins, zwei Zauberei,
Drei, vier im Revier,
Fünf, sechs wie verhext,
Sieben, acht Borussen-Macht...

...Eins, zwei Zauberei,
Drei, vier im Revier,
Fünf, sechs wie verhext,
Sieben, acht Borussen-Macht.

Eins, zwei Zauberei,
Drei, vier im Revier,
Fünf, sechs wie verhext,
Sieben, acht Borussen-Macht.

'115 Minuten sind bereits gespielt im Westfalenstadion,
Es steht immer noch 1:1 zwischen Borussia Dortmund,
Und dem Deportivo la Coruna,
Die Borussia ist fast draussen, es muss das 2:1 fallen,
Und es muss schnell fallen und die Spanier verlieren den Ball,
Im Mittelfeld der BvB kommt sofort über die rechte Seite...

...Wunderschöne Flanke jetzt in die Mitte,
da ist Kalle Riedle und Tor!..

Ooohooo da ist der Anschlusstreffer,
Ooohooo da ist das 2:1 für Borussia, Dortmund,
Ooohooo durch Karl-Heinz RIEDLE.

Jajaja was ist los, was ist das,
Jajaja was ist los, was ist das,
Jajaja Borussia vor, Borussia-Macht,
Jajaja das ist schön, das macht Spass,
Jajaja, jajaja, jajaja, jajaja.

'Dann gibts einen Nachtritt,
Also mein lieber Scholli,
Klares Nachtreten, ein ganz übles Foul,
Gelb – das hätte mehr sein müssen, das muss rot geben,
Da hat er nachgetreten.

...Ooohooo überflüssiger Weise,
Ooohooo gelb – muss rot geben,
Ooohooo.

Eins, zwei Zauberei,
Drei, vier im Revier,
Fünf, sechs wie verhext,
Sieben, acht Borussen-Macht.

Eins, zwei Zauberei,
Drei, vier im Revier,
Fünf, sechs wie verhext,
Sieben, acht Borussen-Macht.

Eins, zwei Zauberei,
Drei, vier im Revier,
Fünf, sechs wie verhext,
Sieben, acht Borussen-Macht...

...Eins, zwei Zauberei,
Drei, vier im Revier,
Fünf, sechs wie verhext,
Sieben, acht Borussen-Macht.

Jajaja was ist los, was ist das,
Jajaja was ist los, was ist das,
Jajaja Borussia vor, Borussia-Macht,
Jajaja das ist schön, das macht Spass,
Jajaja, jajaja, jajaja, jajaja.

'Lars Ricken mit der Kontermöglichkeit,
geht er alleine oder spielt er Stephane
Chapuisat (an),
Er hat natürlich noch die Kraft,
dieser Youngster der hier unbekümmert
aufspielt,
Er ist ein schneller Spieler, er ist ein
eleganter Spieler,
Vielleicht schafft es der BvB doch noch...

...Er geht alleine ooohooo,
Chance für Lars Ricken ooohooo,
Da schiesst er ooohooo,
TOR! Borussia Dortmund führt mit 3:1,
Ja ist das denn zu fassen,
Ausgerechnet Lars Ricken, zwei Minuten vor Abpfiff,
Er knallt das Leder mit einem Volleyschuss aus 8 Metern,
Uunter die Latte auf den Boden und dann ins Netz. Da ist der Schlusspfiff.

Eins, zwei Zauberei,
Drei, vier im Revier,
Fünf, sechs wie verhext,
Sieben, acht Borussen-Macht.

ES WAR LIEBE AUF DEN ERSTEN BLICK

Es war Liebe auf den ersten Blick,
Nur für dich Borussia verpass ich keinen Kick,
Ich erinner mich noch an das erste Mal,
Ich war jung und trug voller Stolz deinen Schal.
Durch meine Adern da fließt anstatt rot,
Schwarz und gelbes Blut und zwar bis in den Tod,
Du bist meine Liebe, mein Stolz, mein Verein,
Für dich schwenk ich Fahne, hau' auf Trommel und stimm' ein...

EUROPAPOKAL

Erste Runde Olmütz,
Dann zum HSV,
Vielleicht nach Liberec,
Da kaufen wir ne Frau,
Vielleicht Valencia,
Vielleicht Kerkrade,
Vielleicht nach Genk totale Eskapade,
Europapokaaaaal,
Europapokaaaal...

FORZA BVB

Forza BVB,
Schwarz und gelb Allez,
Ich hab mein Leben dir vermacht,
Jeden Tag und jeder Nacht,
Forza BVB,
Schwarz und gelb Allez.

FÜR DICH SINGEN WIR DAS GANZE JAHR

Borussia, Borussia,
Für dich singe ich das ganze Jahr,
Egal zu welcher Zeit,
Bis in die Unendlichkeit,
Immer weiter und lauter.

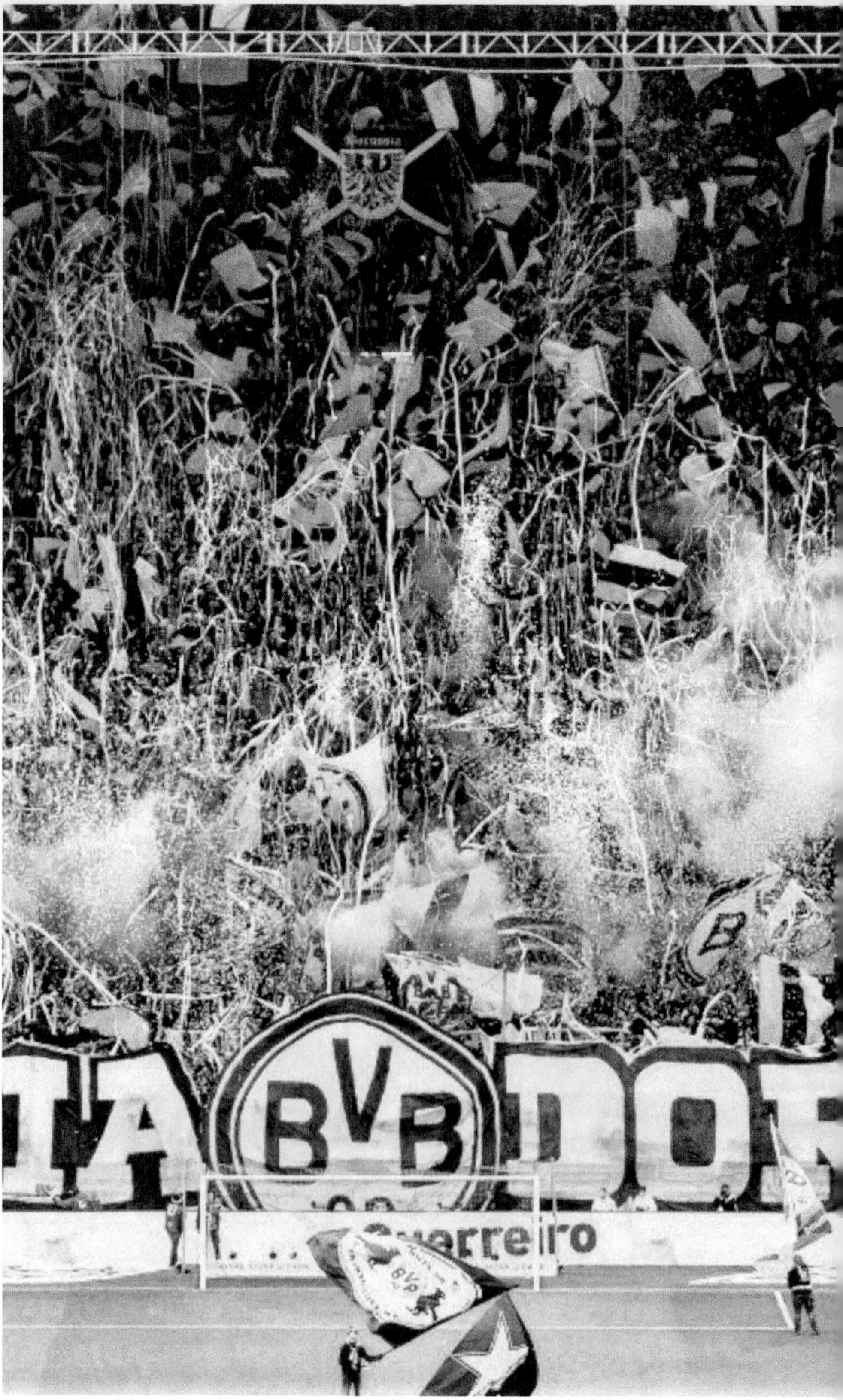
BVB
Guerreiro

GEGEN STADIONVERBOT

Du bist schwarz und gelb,
Bist alles auf der Welt,
Du bist uns're Kraft,
Uns're Leidenschaft,
BVB 09,

Seht wie die Kurve tobt,
Gegen Stadionverbot,
Niemand kriegt uns klein,
Wir steh'n immer ein
Für den BVB...

GELSENKIRCHEN

Sha la la la la la,
Sha la la la la,
Sha la la la la la la la,
Und wir f*cken Gelsenkirchen in den
A*sch...

GOOD NIGHT BLUE WHITE

Yeah,
Dortmund City,
Yeah Good night Blue White alta.

Das ist die Dortmunder Szene,
Dortmund lebt auf,
Die blauen wolln uns f*****,
Ey bitte gebt auf,
Ihr könnt es nicht schaffen wir sind,
Schwarz-gelb,
Ihr seit nur Punker und bezieht Harz 11,

Ich komm ans Mic und ich weiß ihr seit blaue f*****,
Ihr seit nur Weicheier, Lutscher und nur kleine Stricher,
Für euch Opfer ich gerne meine kostbare Zeit...

...Ich geb euch zwei patschen meine Wut in das Mic,
Um euch zu zeigen wer der King in dem Pott ist,
Es ist Dortmund jeder sagt das blau-weiß nur schrott ist.
Oh mein Gott das ist RIMB aus der Szene,
er scheißt auf blaue, Stuttgart, Nürnberg und Bremen,
Bei euch wird jeden Tag Inzucht getrieben,
Bruder f**** Schwester doch er hat es verschwiegen,
Wir ziehen nach GE im Gepäck einen Spaten,
Kaum sind wir angekomm,
Auf den Tag warten ihr könnt ja mal gerne raten,
ich geb euch ein Rätsel mit tausenden von Daten...

...Der Tag wird kommen wie die Sonne am Horizont,
Die Stadt wird gef**** wie Yiroshima weggebommt.

Das ist die Dortmunder Szene,
Dortmund lebt auf,
die blauen wolln uns f*****,
Ey bitte gebt auf,
ihr könnt es nicht schaffen wir sind schwarz gelb,
ihr seit nur Punker und bezieht Harz 11.

Das ist die Dortmunder Szene,
Dortmund lebt auf,
die blauen wolln uns f*****,
Ey bitte gebt auf,
Ihr könnt es nicht schaffen wir sind schwarz gelb,
Ihr seit nur Punker und bezieht Harz 11 (Yeah)...

..Der zweite Part kommt und ich werde alles weiterführen,
Die Missgeburten werden tiefe Massen spüren,
Wir kommen in eure Stadt und machen alles kaputt,
Sind wir weg bleibt nichts mehr nurnoch Asche und Schutt,
Den sowas wie euch Rauch ich in der Pfeife,
Wollt ihr kein Stress dann macht den Kopf zu und seit leise,
Macht euch auf die Reise bevor ich euch suche,
Ich weiß ich bin kaputt und ich weiß das ich fluche,
Dass ist auch gut so ohne das gehts nicht,
Eigentlich hass ich euch noch viel zu wenig,
Der Track bleibt für ewig im Dortmunder Zentrum...

...auch wenn ich mal sterbe trotzdem geht dieser Track rum.
Ich hoffe irgendwann gibt es ein Ende,
Alle Zecken weg und es gibt dann die wende,
Jetzt gibts hier mal endlich Good Night blue-white,
Ich hab euch leid also komm ich ans Mic und fight.

Das ist die Dortmunder Szene,
Dortmund lebt auf,
Die blauen wolln uns f*****,
Ey bitte gebt auf,
Ihr könnt es nicht schaffen wir sind schwarz gelb,
Ihr seit nur Punker und bezieht Harz 11 (Yeah)...

...Das ist die Dortmunder Szene,
Dortmund lebt auf,
Die blauen wolln uns f*****,
Ey bitte gebt auf,
Ihr könnt es nicht schaffen wir sind schwarz gelb,
Ihr seit nur Punker und bezieht Harz 11 (Yeah)

Ich hoffe ihr checkt jetzt was ganz Dortmund von euch hält man,
Garnichts! Ihr seit blau-weißes Pack,
Blau-weißer Drecksscheiß man,
Ey ihr habt im Pott nichts verlorn!
Der Pott bleibt schwarz-gelb,
Und der Pott wird auch ewig schwarz-gelb bleiben,
Ihr habt hier nichts verloren alter garnichts man ihr seit nur scheiße
Ihr seit alles f***** man ihr habt ne scheiß Arena...

...Ihr habt scheiß Fans ihr habt scheiß,
Ach f*** man ich weiß nicht was ich sagen soll.
Zu euch fällt mir nichts ein Alter,
Eins kann ich nur sagen Alter,
Ohne scheiß der pott bleibt schwarz gelb.

HEJA BORUSSIA SCHENK UNS DEN SIEG

Heja Borussia schenk uns den Sieg,
Die Kurve dankt es dir mit diesem Lied,
Heja Borussia stimmen wir ein.
Heja Borussia Ballspielverein,
Schalalalala,schalala

HEJA BVB

Heja BVB,
Heje BVB,
Heja Heja Heja BVB...

HEJA BVB 2

HDer BVB der BVB wird niemals untergehen,
Heja BVB,
Heja BVB,
Heja,
Heja,
Heja BVB...

HEJA BVB 3

Heute wolln wir siegen,
Wir gehen mächtig ran
Borussia spielt heute ganz gross,
Bis zum letzten Mann
Heja BVB, Heja BVB, Heja Heja BVB
Heja BVB, Heja BVB, HejaHeja BVB
Stürmen wollen wir das Tor,
Ja das ist unsere Pflicht...

...Wir geben heut das Tempo an,
Der Gegner stört uns nicht,
Heja BVB, Heja BVB, Heja Heja BVB,
Heja BVB, Heja BVB, Heja Heja BVB,
Heja BVB...

HEY DORTMUND

...Hey,
Hey,
Hey,
Dortmund Dortmund Dortmund...

HIER REGIERT DER BVB

..Hier regiert der BVB,
Hier regiert der BVB...

HURRA, DIE DORTMUNDER SIND DA

...Hurra,
Hurra,
Die Dortmunder sind da...

ICH GEH' MIT DIR BORUSSIA

Ein Tag, wunderschön so wie heut',
Mein Fussballherz ist hoch erfreut,
Und dass in mir die Sonne lacht,
Das hat Borussia Dortmund gemacht.

Borussia, meine Borussia, sowas schaffst nur du,
Borussia, meine Borussia, sowas schaffst nur du.
Zum Tempel der Glückseligkeit,
Machst du das Stadion nur durch dein Spiel.
Ich geh' mit dir, Borussia,
Für dich ist mir kein Weg zu weit,
Ich bin bei dir, Borussia,
Bis in alle Ewigkeit...

...Was wär ich ohne Borussia,
Wär Dortmund ohne dich,
Wie ein Herzschlag bist du immer da,
Wie Luft zum Atmen brauchen wir dich.

Borussia, meine Borussia, sowas schaffst nur du,
Borussia, meine Borussia, sowas schaffst nur du.
Zum Tempel der Glückseligkeit,
Machst du das Stadion nur durch dein Spiel.
Ich geh' mit dir, Borussia,
Für dich ist mir kein Weg zu weit,
Ich bin bei dir, Borussia,
Bis in alle Ewigkeit.

IM WESTFALENSTADION

Wenn wir im Westfalenstadion steh'n,
Und Borussia Dortmund spielen seh'n,
Dann feuern wir sie an,
So laut wie jeder kann,
Allez Borussia Dortmund, allez, allez...

IMMER FÜR DICH DA

Meine Borussia Aus Dortmund,
Wir folgen Dir egal wohin es geht,
Auch in ganz schweren Zeiten,
Werden wir dich stets begleiten,
Borussia wir sind immer für dich da,
Shala la la shalalala...

IMMER WEITER UND LAUTER

Borussia, Borussia!
Für dich singen wir das ganze Jahr,
Egal zu welcher Zeit, bis in die
Unendlichkeit.
Immer weiter und lauter.

IMMER WIEDER BVB

Von Nottingham bis Liverpool,
Von Glasgow bis Athen,
Von Stalingrad bis an die Spree,
Immer wieder BVB.

IN DER BUNDESLIGA

In der Bundesliga,
Ist allen bekannt,
Sind die Fans von Borussia,
Die besten im Land.

JONAS HOFMANN

Jonas Hofmann,
Jonas Hofmann,
Jonas Hofmann...

JÜRGEN KOHLER UND LARS RICKEN

Jürgen Kohler und Lars Ricken,
Julio Cesar, Timo Konzietzka,
Siggi Held und Adi Preißler,
Borussia Dortmund für immer Deutscher Meister.

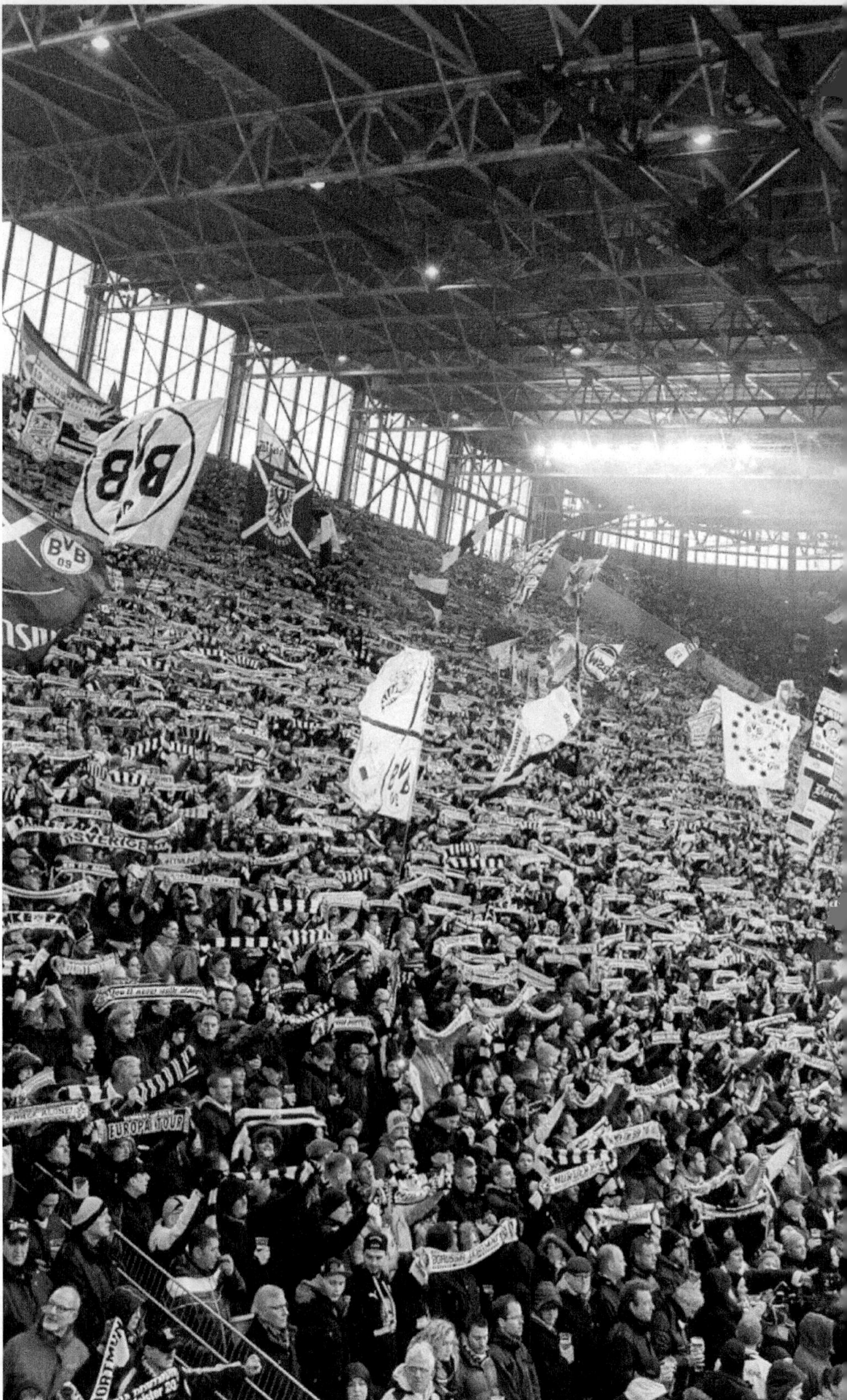
BVB
EUROPA TOUR

KÄMPFEN FÜR BORUSSIA

Du bist einfach nicht wegzudenken,
Irgendwie warst du schon immer da,
Ja, wir ham` Dich so verehrt,
Schon damals, als wir noch Kinder war`n,
Wir gingen durch Himmel und Hölle,
Und fanden das Paradies,
Wir hieleten fest zusammen,
Weil uns die Hoffnung nie verliess!

Ole ola ole - Ole Borussia,
Vergessen- Verzeih`n,
Doch eins bleibt besteh`n,
Wir wollen euch nur,
Kämpfen sehn,
Ole ola ole - Ole Borussia,
Kämpfen solt ihr
Kämpfen für Borussia...

...Du bist unsere Vergangenheit
und wirst auch unsere Zukunft sein,
Wohin der Weg auch führen mag,
Du weisst, Du gehst ihn nie allein,
Wir gingen durch Himmel und Hölle
und fanden das Paradies,
Wir hieleten fest zusammen,
weil uns die Hoffnung nie verliess.
Ole ola ole - Ole Borussia,
Vergessen- Verzeih`n,
Doch eins bleibt besteh`n,
Wir wollen euch nur,
Kämpfen sehn,
Ole ola ole - Ole Borussia,
Kämpfen solt ihr
Kämpfen für Borussia...

KARLSRUHE

Karlsruh Karlsruh,
Wir s*heissen Euch zu...

KEINER SOLL ES WAGEN

Keiner soll es wagen, keiner soll es wagen,
uns den BVB zu schlagen!

KOHLE UND STAHL

Ob Real Madrid oder Erkenschwick, wir unterstützen,
Euch bei jedem Kick. Unsere Liebe übersteht jedes leiden,
Wir werden ein Leben lang Borussen bleiben.

Und wenn wir wieder oben stehen, mit stolz auf unser,
Spielfeld sehen. Die gelbe Wand ist hergerichtet und wir,
Singen: Tradition verpflichtet.

...Auch in schweren Zeiten haben wir keine Wahl,
Wir werden immer zu Dir stehen, wir sind aus Kohle und Stahl,
Auch in schweren Zeiten haben wir keine Wahl,
Wir werden immer zu Dir stehen, wir sind aus Kohle und Stahl,
Wir sind aus Kohle und Stahl.

Auf dem Weg zu unserem Stadion, kicken die Kinder schon im Park,
Sie träumen von der Champions League und feiern ihren Derby-Sieg,
Wenn Du auf der Tribüne stehst, mit Freunden kühles Bier genießt,
Überall schwarz-gelbe Fahnen wehen, weißt Du:
Tradition wird niemals untergehen...

...Auch in schweren Zeiten haben wir keine Wahl,
Wir werden immer zu Dir stehen, wir sind aus Kohle und Stahl,
Auch in schweren Zeiten haben wir keine Wahl.
Wir werden immer zu Dir stehen, wir sind aus Kohle und Stahl,
Wir sind aus Kohle und Stahl.

Auch in schweren Zeiten haben wir keine Wahl.
Wir werden immer zu Dir stehen, wir sind aus Kohle und Stahl.
Auch in schweren Zeiten haben wir keine Wahl.
Wir werden immer zu Dir stehen, wir sind aus Kohle und Stahl.
Wir sind aus Kohle und Stahl.

KOMMST DU ABENDS BESOFFEN NACH HAUS

Kommst du abends besoffen nach Haus
meckert dich deine Alte gleich aus,
Wo kommst du her du besoffenes Schwein,
Vom BVB, mein Verein,
BVB, BVB, BVB.

KUBA

Kuba! Kuba! Kuba.

LEUCHTE AUF MEIN STERN BORUSSIA

Im Jahre 1909, da wurd' ein Stern gebor'n,
Und man sah sofort an seinem Schein, er kann nur aus Dortmund sein.

Dieser Stern der heißt Borussia und er leuchtet in schwarz gelb,
Als schönster Stern von allen dort, am großen Himmelszelt,
Und seh' ich hinauf zum Firmament auf den Stern, den jeder kennt,
Spür ich seinen Glanz, dann sag ich mir: Er ist auch ein Teil von dir.

Leuchte auf, mein Stern Borussia,
Leuchte auf, zeig mir den Weg.

Ganz egal, wohin er uns auch führt:
Ich werd' immer bei dir sein...

...Leuchte auf, mein Stern Borussia,
Leuchte auf, zeig mir den Weg.

Ganz egal, wohin er uns auch führt:
Ich werd' immer bei dir sein.

LEUCHTTURM

Ich geh' mit dir wohin du willst,
Auch bis ans Ende dieser Welt,
An Meer und Strand wo Sonne scheint,
Will ich mit dir alleine sein.
Und so wie es ist,
Und so wie du bist,
Bin ich immer wieder für dich da,
Ich lass' dich nie mehr alleine,
Das ist dir hoffentlich klar.

BVB,
BVB,
Oooooo...

LIEBESLIED

Dreissig Jahre ist es her,
Ich erinner' mich so sehr,
Mein Vater sagt zu mir: Mein Sohn,
Du kannst jetzt mit ins Stadion,
Wir werden zur Borussia geh'n,
Jedes Spiel, wohin es auch geht,
Doch lern auch das in schwierigen Zeiten,
Wir auch zur Borussia steh'n.

Ein grosser Traumwurf war Borussia,
Weil du mir Freuden bringst,
So viele Titel schenkst,
Bin immer für dich da....

...Seit Wochen überleg' ich mir,
Was kann ich tun, wie danke ich dir,
Ich glaube ich schreibe,
Für dich ein Liebeslied,
Borussia ich bin froh das es dich gibt,
Ein Liebeslied mit viel Gefühl,
Keine Schnulze, kein Kitsch nur mit Stil,
Es sollte einfach was ganz besond'res sein,
So wie du Borussia mein Verein.

Ein grosser Traumwurf war Borussia
weil du mir Freuden bringst
so viele Titel schenkst.
Bin immer für dich da.

Ein grosser Traumwurf war Borussia
weil du mir Freuden bringst
so viele Titel schenkst.
Bin immer für dich da.

LUCAS BARRIOS

Lucas Barrios sha la la,
Lucas Barrios sha la la la la,

MEIN LEBEN IS DER BVB

BVB, BVB,
Mein Leben is der BVB,
Borussia Dortmund, Westfalenstadion,
BVB, BVB.

Borussia Dortmund, meine Heimat,
Westfalenstadion mitten im Revier,
BVB, du gibst mir so viel,
Jedes Wochenende gehört mein Leben dir.

BVB, BVB,
Mein Leben is der BVB,
Borussia Dortmund, Westfalenstadion,
BVB, BVB...

...Ich bin Mitglied, Dauerkarte,
In nem Fanclub, das ist meine Welt,
BVB, ich würd alles für dich tun,
Kaufe mir ein Trikot von meinem letzten Geld.

BVB, BVB,
Mein Leben is der BVB,
Borussia Dortmund, Westfalenstadion,
BVB, BVB.

Bei jedem Heimspiel bin ich immer wieder live dabei,
Freu mich auf das Spiel doch nur ein Sieg, der zählt is klar.

Und alle Freunde stehen neben mir,
Und feiern mit Borussia, Borussia...

...BVB, BVB,
Mein Leben is der BVB,
Borussia Dortmund, Westfalenstadion,
BVB, BVB.

BVB, BVB, BVB, BVB,
Mein Leben is der BVB,
Borussia Dortmund, Westfalenstadion,
BVB, BVB.

BVB, BVB, BVB, BVB,
Mein Leben is der BVB,
Borussia Dortmund, Westfalenstadion,
BVB, BVB.

NORBERT DICKEL

Wir singen,
Norbert
Dickel,
Jeder kentt ihn,
Den held von Berlin,
Wir singen,
Norbert,
Dickel.

NUR DER BVB

Ole ole ole,
Nur der BVB,
Unser ganzes Leben,
Unser ganzer Stolz...

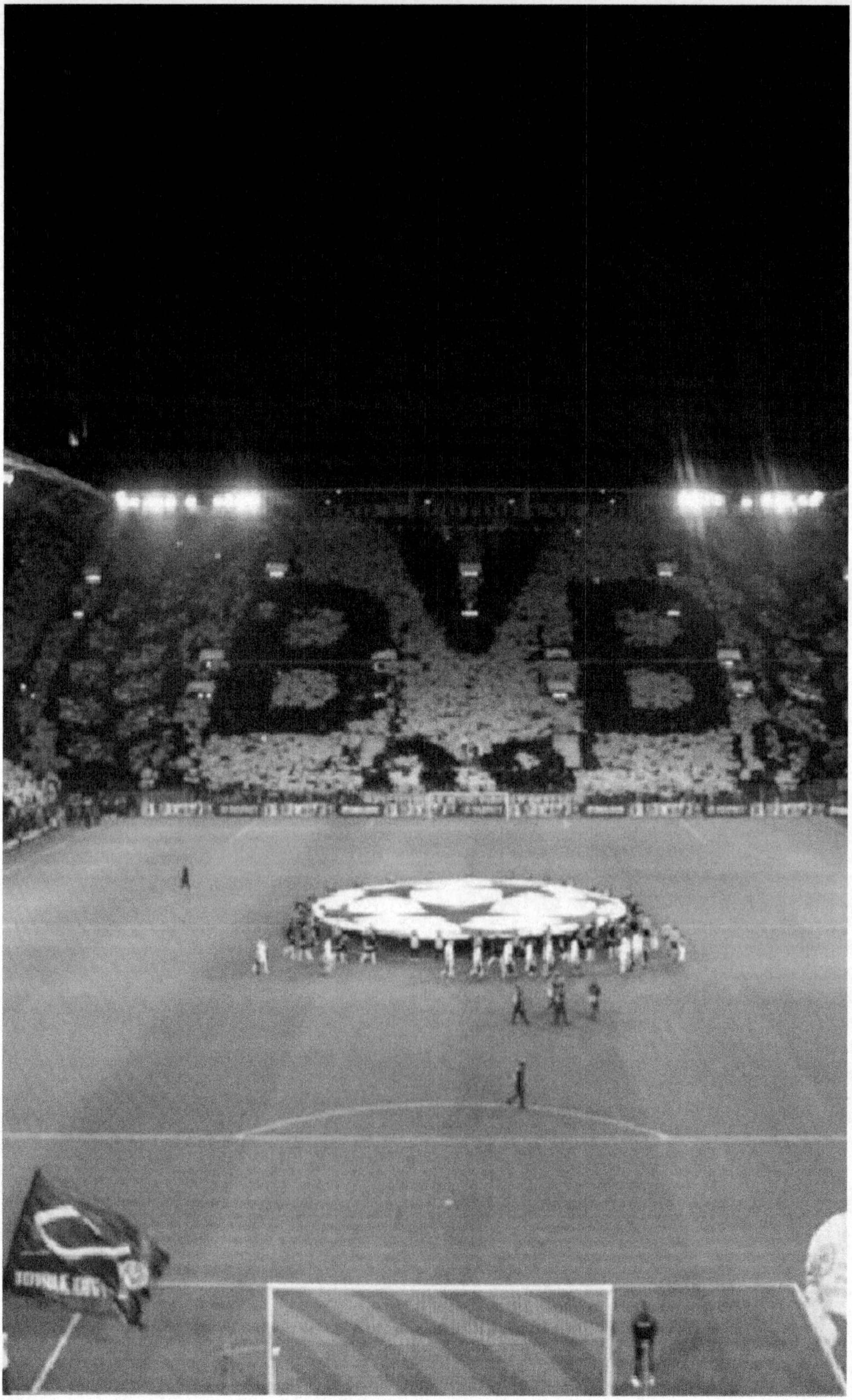
BVB

OH BORUSSIA DORTMUND BVB

Oh Borussia Dortmund BVB,
Oh Borussia Dortmund BVB,
Oh Borussia Dortmund BVB,
Oh Borussia Dortmund BVB.

Schalalalala,
Schalalalala lalalalala lalala,
Schalalalala,
Schalalalala lalalalala lalala...

OH BVB 09

Oh BVB 09,
Borussia Dortmund seit 1909,
Wir lieben dich so sehr, wir folgen dir,
Bis ans schwarze Meer.

OH OH OH OH BORUSSIA

Oh oh oh oh Borussia,
Der Sieg gehört nur dir Borussia,
Die Kurve wird an deiner Seite stehen,
Aufgeben werden wir nie.

OLÉ JETZ KOMMT DER BVB

Olé, jetzt kommt der BVB,
Olé, jetzt kommt der BVB.

Borussia, Dortmund ist dein zuhaus,
Borussia, trickst jeden Gegner aus,
Borussia, hier kommt der BVB,
Borussia, gewinnt und singt Olé.

Olé, jetzt kommt der BVB,
Olé, jetzt kommt der BVB...

...Borussia, hol' den UEFA-Cup,
Borussia, gib ihn nie wieder ab,
Borussia, ja, dir gehört der Thron,
Borussia, der Star im Stadion.

Olé, jetzt kommt der BVB,
Olé, jetzt kommt der BVB.

Olé, jetzt kommt der BVB,
Olé, jetzt kommt der BVB.

Wir zieh'n zum Borsigplatz,
Und streichen ihn schwarzgelb,
Wir feiern deinen Sieg,
Denn Fußball ist unsere Welt.

Borussia, Fair Play heißt dein Spiel,
Borussia, die Meisterschaft das Ziel,
Borussia, wir lieben dich so sehr,
Borussia, schwarz-gelbes Fahnenmeer...

...Olé, jetzt kommt der BVB,
Olé, jetzt kommt der BVB.

Olé, jetzt kommt der BVB,
Olé, jetzt kommt der BVB.

Olé, jetzt kommt der BVB,
Olé, jetzt kommt der BVB.

Olé, jetzt kommt der BVB,
Olé, jetzt kommt der BVB.

Olé, jetzt kommt der BVB,
Olé, jetzt kommt der BVB.

PARTY TIME BEIM BVB

Ich bin ein Fan von der Borussia,
Und ich bin bei jedem Heimspiel da,
Wenn Borussia ruft, dann kommen die Massen,
Alle woll´n dabei sein und Dampf ablassen.

Wir Fans auf der Tribüne machen laut Rabatz,
Denn das spornt unsere Jungs an, auf dem Fußballplatz.
Borussia spielt den Gegner nieder,
Und mit jedem Tor steigt unser Fußballfieber.

Jetzt ist Partytime, Partytime,
Partytime beim BVB,
It´s Partytime, Partytime,
It´s Partytime beim BVB...

„Borussias Tore tun so gut,
Dann kocht in unseren Adern das schwarz-gelbe Blut,
Das Herz in unserer Brust schlägt Bee-Vau-Bee.
So wollen wir es haben, das finden wir o.k.

Jetzt ist Partytime, Partytime,
Partytime beim BVB,
It´s Partytime, Partytime,
It´s Partytime beim BVB.
Jetzt ist Partytime, Partytime,
Partytime beim BVB.
Jetzt ist Partytime, Partytime,
Partytime beim BVB.
Jetzt ist Partytime, Partytime,
Partytime beim BVB.

RUHRPOTT

Wir wollen keine Blau-Weißen Parasiten, Schwarzgelb ist der Ruhrpott, raus mit diesem Pack.

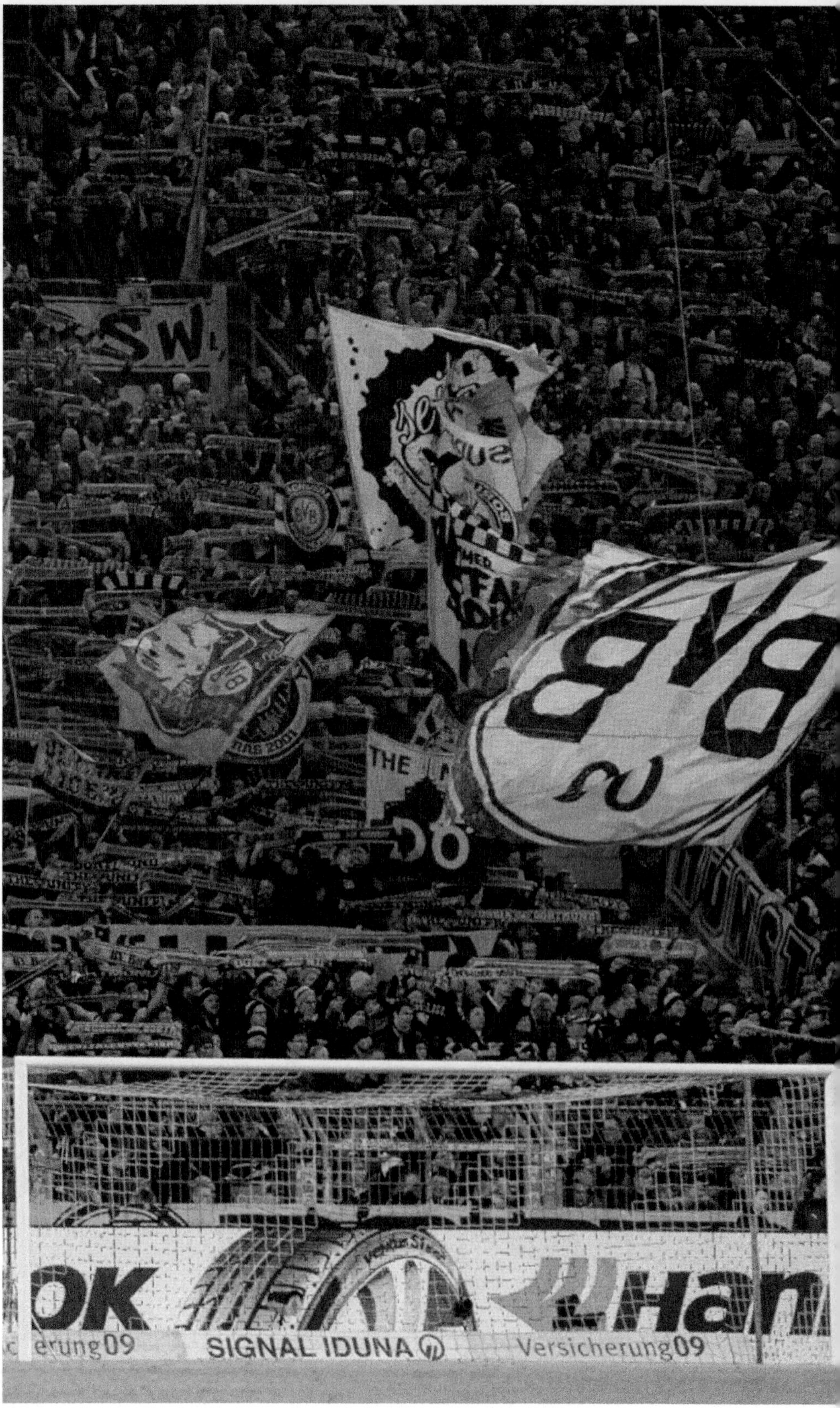

SW
BVB
THE
SIGNAL IDUNA
Versicherung09

S04

Tod und Ha*se dem S04,
Tod und Ha*se dem S04...

SCHALALA BORUSSIA BVB

Schalala lalalalalala,
Schalala lalalalalala,
Borussia BVB,
Borussia BVB,
Borussia Borussia BVB...

SCHALALALA BORUSSIA

Schalalalalalala,
Borussia...

SCHALALALA DORTMUND

Schalalalalalalala,
Schalalalalalalalalal Dortmund.

SCHALALALA HEY BVB

Schalalala schalalala hey BVB,
Schalalala schalalala hey BVB...

SCHALALALA SCHALALALA

Schala la la schalalala,
Schala la la schalalala...

SCHALALALALALALA DORTMUND

Schalalalalalala lalalalala,
Lalalalalalala,
Dortmund...

SCHWARZ GELBE BORUSSIA

Dortmund Hauptbahnhof, hier Dortmund Hauptbahnhof,
Die BVB-Sonderbusse in Richtung Westfalenstadion,
Fahren in wenigen Minuten ab.

Der FC Schalke ist heut bei uns zu Gast,
Achte darauf, das auch du Karten hast,
Weil das Stadion seit Wochen ausverkauft ist,
Und wir den Schalkern zeigen wer die Eins im Ruhrpott ist,
Die Stadt ist voll Fans, Schwarz-Gelbe Fahnen,
Partystimmung in den Strassenbahnen,
Kilometerweit entfernt da hört man schon,
Die Südtribüne vom Westfalenstadion...

...Jedes zweite Wochenende steh'n wir wieder,
In der lautesten Arena der Bundesliga,
BVB-Fans sind die absolute Macht,
In Europacup und Meisterschaft,
schwarz-gelbe Borussia, Dortmund ist wunderbar,
Und wird niemals untergeh'n, wollt Ihr das den nie versteh'n,
Schwarz-gelbe Borussia, Dortmund ist wunderbar,
Und wird niemals untergeh'n, wollt Ihr das den nie versteh'n.

Die Fans peitschen die Mannschaft hin und her,
Und nach jedem Spiel, da werden es mehr,
In den Getränkeständen fliesst das Bier,
Und nirgendwo in Deutschland ist mehr los als hier...

...Nach dem Sieg reihen die Spieler sich ein,
Und werfen Ihre Trikots in den Fanblock rein,
Fünfhundert Mann rennen auf den Platz,
Hier wird jeder Sieg gefeiert wie ne Meisterschaft.

Jedes zweite Wochenende steh'n wir, wieder
In der lautesten Arena der Bundesliga,
BVB-Fans sind die absolute Macht,
In Eurpoacup und Meisterschaft,
Schwarz-gelbe Borussia, Dortmund ist wunderbar,
Und wird niemals untergeh'n, wollt ihr das den nie versteh'n,
Schwarz-gelbe Borussia, Dortmund ist wunderbar,
Und wird niemals untergeh'n, wollt Ihr das den nie versteh'n...

...Borussia, Borussia, Borussia, Borussia

Ist die Autobahn mal voll mit mehr als hundert Bussen,
Weiss jeder genau jetzt kommen die Borussen,
Doch hundert Busse sind gar nicht soviel,
Wir sind noch zwanzigtausend Mann beim Auswärtsspiel,
Und in der Bundesliga ist es längst schon bekannt,
Hat Borussia die besten Fans im Land,
den die anderen Klubs, die du sonst schon kennst,
Die haben doch nur Schönwetter-Fans.

Jedes zweite Wochenende steh'n wir wieder,
In der lautesten Arena der Bundesliga,
BVB-Fans sind die absolute Macht,
In Europacup und Meisterschaft...

...Schwarz-gelbe Borussia, Dortmund ist wunderbar,
Und wird niemals untergeh'n, wollt Ihr das den nie versteh'n,
Schwarz-gelbe Borussia, Dortmund ist wunderbar,
Und wird niemals untergeh'n, wollt Ihr das den nie versteh'n,
Schwarz-gelbe Borussia, Dortmund ist wunderbar,
Und wird niemals untergeh'n, wollt Ihr das den nie versteh'n,
Schwarz-gelbe Borussia, Dortmund ist wunderbar,
Und wird niemals untergeh'n, wollt Ihr das den nie versteh'n,
Schwarz-gelbe Borussia, Dortmund ist wunderbar,
Und wird niemals untergeh'n, wollt Ihr das den nie versteh'n...

SCHWATZGELB WIE DIE BIENE MAJA

In einer Stadt in diesem Land,
Ist Meister Fussball wohlbekannt,
Und geht der Ball ins and're Tor,
Dann singen alle hier im Chor:

Und alle Freunde sehen aus wie
Biene Maja,
Schwarzgelb wie die kleine Biene Maja,
Alle Fans hier die sind fair –
Feiern, dass fällt uns nicht schwer,
Wir alle träumen nur vom BVB Borussia,
Tag und Nacht nur von schwarz-gelb,
Borussia,
Jedes Kind kennt die Borussia,
Schwarz-gelb, Maja,
Schwarz-gelb, Maja,
Maja, wir feiern heut mit Dir...

Borussenfans gibt's immer mehr,
Bei uns zu sein ist gar nicht schwer,
Wir fühl'n uns wohl hier im Revier,
Und auch die Bayern wär'n gern hier,
Und alle Freunde sehen aus wie
Biene Maja,
Schwazgelb wie die kleine Biene Maja,
Alle Fans hier die sind fair –
Feiern, dass fällt uns nicht schwer,
Wir alle träumen nur vom BVB Borussia,
Tag und Nacht nur von schwarz-gelb
Borussia
Jedes Kind kennt die Borussia,
Schwarz-gelb, Maja,
Schwarz-gelb, Maja,
Maja, wir feiern heut mit Dir.

Jedes Kind kennt die Borussia,
Schwarz-gelb, Maja,
Schwarz-gelb, Maja,
Maja, wir feiern heut mit Dir.

STOLZ AUS WESTFALEN

Wir sind der Stolz aus Westfalen, die Macht im Revier,
Wir saufen wie Ketzer, die Bierstadt sind wir,
Wir singen und pöbeln, wir schreien Hurra
Die Jungens aus Dortmund sind da.
Lalalalalalalalalalalalalalalalalala....

SUPER BVB

Super, super BVB, super, super BVB, super, super BVB, super, super BVB.

Samstag Mittag, schwarz - gelb sind die Strassen,
Wenn die Fans der Borussia, zum Stadion starten...

...Hier steh'n wir seit Jahren, hier geht die Post ab,
In der Meisterschaft und im U-U-EFA - CUP,
Und dann warten die Spieler, der Schiri pfeift an,
Und durch's Stadion schallt unser Gesang:

Super, super BVB, super, super BVB,
super, super BVB, super, super BVB.

Wer hat in der Liga, 'nen Schuss wie'n Hammer,
Der beste Libero: Matthias Sammer,
Aus der Mitte stürmt Möller im Turbogang vor,
Flanke auf Chappi, und der Ball ist im Tor,
Und der Mann, der in Dortmund die Mannschaft aufstellt,
Der heißt hier bei uns : Ottmar Hitzfeld...

...Super, super BVB, super, super BVB,
Super, super BVB, super, super BVB,
Super, super BVB, super, super BVB,
Super, super BVB, super, super BVB.

Borussia Dortmund, die Macht im Revier,
Und bei jedem Spiel, steh'n wir zu dir!

Super, super BVB, super, super BVB,
Super, super BVB, super, super BVB,
Super, super BVB, super, super BVB,
Super, super BVB, super, super BVB.

SUPPORTERS DORTMUND DAS SIND WIR

Ob du`s glaubst oder nicht,
Wir tu`n das alles nur für dich,
Jede Stunde jeden Tag,
Den ich für dich opfern mag,
Bist Borussia mein Verein,
Setz mich immer für dich ein,
Bei jedem Spiel um jeden Preis,
Sind wir da damit du`s weisst,
Laut ertönt unser Gesang,
Bis die Kehle nicht mehr kann,
Schwarz wie Kohle gelb wie Bier,
Supporters Dortmund das sind wir.

TIEF IN MEINEN HERZ

Tief in meinem Herz, Borussia.

Bleib dir treu,
Niemals auseinander gehen,
Werden immer zueinander stehen,
Bourussia,
Keine Macht wird uns jemals trennen,
Werden wie ein Tier drum kämpfen,
Borussia,
Freunde gehen mir über alles,
Borussia,
Ich will immer für dich sein,
Borussia,
Tief in meinem Herz,
Borussia,
Tief in meinem Herz,
Borussia,
Tief in meinem Herz,
Steh ich zu dir..

...So lange Zeit,
Fehlte dir die Ehrlichkeit,
Hatte dich total entzweit,
Schlimme Zeit,
Mut und Kraft,
Führen dich durch jeden Tag,
Begleite dich in tiefster Nacht,
Leidenschaft,
Ich werde alles für dich geben,
Borussia,
Ich werde alles überstehen,
Borussia,

Tief in meinem Herz,
Borussia,
Tief in meinem Herz,
Borussia,
Tief in meinem Herz...

...Die Stimme,
Wir vertrauen,
Borussia das Größte,
Nichts kann uns umhauen,
Für immer,
Borussia,
Werden uns niemals trennen,
Uns niemals trennen.

Tief in meinem Herz,
Borussia,
Tief in meinem Herz,
Borussia,
Tief in meinem Herz,
Steh ich zu dir,
Tief in meinem Herz,
Borussia,
Tief in meinem Herz,
Borussia,
Tief in meinem Herz,
Stehen wir zu dir.

TROMMELN BVB

BVB,
BVB,
BVB,
BVB...

TROTZ REPRESSION UND KOMMERZ

Trotz Repression und Kommerz,
Trotz Medienhetze und Lügen,
Trotz Stadionverbot,
Kriegt ihr uns niemals tot.

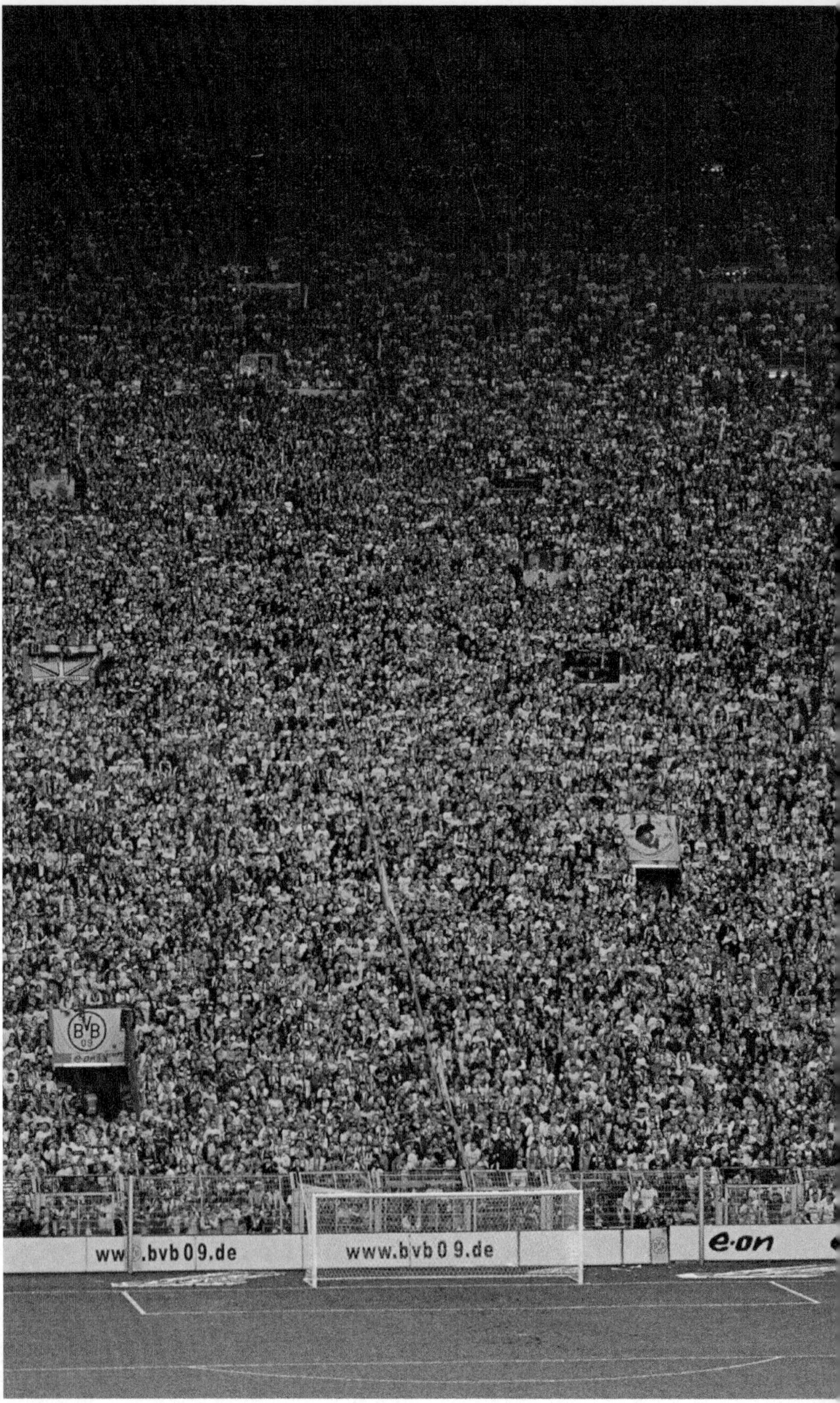
www.bvb09.de
e·on

UND WENN DU DAS SPIEL GEWINNST

Und wenn du, das Spiel gewinnst,
Ganz oben stehst, dann steh'n wir hier
und sing': Borussia, Borussia BVB,
Und wenn du, das Spiel verlierst, ganz
unten stehst, dann steh'n wir hier
und sing': Borussia, Borussia BVB,
Was auch immer geschieht, wir steht
dir bei, bis in den Tod und sing' für dich,
für dich Borussia. Borussia BVB.

UNSER STOLZ BORUSSIA

Unser Stolz Borussia,
Schwarz-gelb schlägt unser Herz,
Wir schwören dir ewige Treue,
In Freude wie auch im Schmerz,
Borussia Dortmund,
Wir stehen immer zu dir.

VEREINSHYMNE

Wir halten fest und treu zusammen. Ball Heil Hurra, Borussia,
Vor keinem Gegner wir verzagen. Ball Heil Hurra, Borussia,
Wir zieh'n vergnügt und froh dahin, schwarzgelb ist unsre Tracht.

Wir haben stets einen heit'ren Sinn, sind lustig nie verzagt,
Wir kennen eine Feindschaft nicht, wir schaffen Hand in Hand,
Stets ruhig Blut ein froh Gesicht, ist jedem wohl bekannt.

Wir halten fest und treu zusammen. Ball Heil Hurra, Borussia,
Vor keinem Gegner wir verzagen. Ball Heil Hurra, Borussia...

...Wohl auf dem ganzen Erdenkreis ist
unser Sport bekannt,
Borussia Spieler wie man weiß die halten
dem Stärksten stand.

Und wenn die Fußballflöte schrillt,
Borussia tritt hervor,
Zum Wettspiel sind wir stets bereit.
Verteidigen unser Tor.

Wir halten fest und treu zusammen. Ball
Heil Hurra, Borussia,
Vor keinem Gegner wir verzagen. Ball
Heil Hurra, Borussia.

Aber eins, aber eins, das bleibt besteh'n,
Borussia Dortmund wird nie untergehn,
Aber eins, aber eins, das bleibt besteh'n,
Borussia Dortmund wird nie untergehn.

VON DER ELBE BIS ZUR ISAR

Immer wieder, oh immer wieder,
Immer wieder BVB,
Von der Elbe,
Bis zur Isar,
Oh immer wieder BVB.

VORWÄRTS BVB

Vorwärts BVB,
auf geht's ihr Schwarzgelben,
Gewinnt für uns das Spiel heut' und
werdet unsre Helden.

WE HATE

We hate VfL Bochum,
We hate Wattenscheiß, too,
We hate FC Sch*isse,
But Borussia we love you
We love Borussia, we do
Ee love Borussia, we do
We love Borussia, we do
Borussia we love you.

WER IST DEUTSCHER MEISTER

Wer Ist Deutscher Meister Shalala,
BVB Borussia,
Wer Ist Deutscher Meister Shalala,
Borussia BVB!

WER NICHT HÜPFT

Wer nicht hüpft der ist ein s*eisser,
Hey Hey...

WESTFALENSTADION STEH' AUF

Westfalenstadion ist das Heimstadion
des Borussia Dortmund,
Westfalenstadion leitet sich aus der
ehemaligen preußischen Provinz
Westfalen ab, die Teil des deutschen
Bundeslandes Nordrhein-Westfalen ist,
Es ist eines der berühmtesten
Fußballstadien in Europa und wurde für
seine renommierte Atmosphäre zum
besten Fußball-Stadion aller
Zeiten gewählt.

WIR FAHREN NACH BERLIN

Wir fahren nach Berlin,
Berlin,
Berlin,
Wir fahren nach Berlin,
Berlin,
Berlin...

WIR GEHÖREN ZUSAMMEN

Zusammen in die Zukunft sehen,
Nur zusammen jede Sprache verstehen,
Ohne Grenzen über Brücken gehen,
Nur zusammen

Wir sind Kinder dieser Welt,
Das ist alles was zählt,
Mit Herz und Verstand,
Stehen wir Hand in Hand...

...Wir gehören zusammen, Borussia,
Wir gehören zusammen,
Und werden immer zu dir stehen,
Wir werden immer zu dir stehen.

Zusammen kommen wir ans Ziel,
Nur zusammen wir gewinnen das Spiel,
Und gemeinsam erreicht man so viel,
Nur zusammen.

Wir sind Kinder dieser Welt,
Das ist alles was zählt,
Mit Herz und Verstand,
Stehen wir Hand in Hand.

Wir gehören zusammen, Borussia,
Wir gehören zusammen,
Und werden immer zu dir stehen,
Wir werden immer zu dir stehen.

WIR HALTEN DEINE FAHNE HOCH

Wir halten deine Fahne hoch,
Wir singen laut für dich Borussia,
weil schwarz und gelb am Ende siegen soll,
Ganz egal wo du auf dem Rasen stehst,
Wir halten deine Fahne hoch

Shalalalalalala lalalalalalala,
Shalalalalalala

Wir Halten deine Fahne hoch...

WIR LIEBEN BORUSSIA DORTMUND

Shalalalalala lalalalalalalalala,
Oh oh oh oh oh,
WIr lieben Borussia Dortmund...

WIR LIEBEN DICH SO SEHR

Wir lieben dich so sehr,
Wir folgen dir bis ans,
Schwarze Meer,
Oh BVB 09, Borussia Dortmund
seit 1909!...

WIR SIND BEI DIR, WAS AUCH INNER PASSIERT

Wir sind im Stadion bei jedem Spiel, denn wir kriegen nie zu viel. Wir wollen dich spielen sehen auf dem Feld; es kostet uns nie zu viel Geld.

Borussia wir stehen immer hinter dir. Denn die größten Fans sind wir...

...Egal ob du siegst oder ob du verlierst, wir sind bei dir, was auch immer passiert. Der BVB, Borussia, wir sind bei dir, was auch immer passiert.

Ein Tag ohne dich ist eine Qual. Unser Herz schlägt in schwarz-gelb. Der Gott des Fußballs bist du. BVB 09, Dortmund!

Borussia wir stehen immer hinter dir. Denn die größten Fans sind wir.

Egal ob du siegst oder ob du verlierst, wir sind bei dir, was auch immer passiert. Der BVB, Borussia, wir sind bei dir, was auch immer passiert.

Der Sieger unserer Herzen bist du, für immer. Wir lassen dich niemals allein, Borussia...

...Egal ob du siegst, oder ob du verlierst,
wir sind bei dir was auch immer passiert.
Der BVB, Borussia, wir sind bei dir, was
auch immer passiert.

WIR SIND DIE MACHT IM RUHRPOTT

Wir sind, wir sind, wir sind die
schwarz-gelbe Macht,
Wir sind die Macht im Ruhrpott.

Du fühlst dich allein,
Hey man, das muss nicht sein,
Wir sind alles was du brauchst,
Denn wir sind dein Zuhaus.

Auf der Südtribüne ist egal wer du bist,
Egal wie du heisst, du gehörst zu uns,
Auf der Südtribüne ist egal wer du bist,
Egal wie du heisst...

...Wir sind: Die schwarz-gelbe Macht,
Wir sind: Die Macht im Ruhrpott,
Wir sind: Die schwarz-gelbe Macht,
Wir sind: Die Macht im Ruhrpott.

Hier bei uns in Dortmund,
Brannt immer eine Glut,
Rot ist unsre Erde,
Schwarz und gelb ist unser Blut.

Auf der Südtribüne ist egal wer du bist,
Egal wie du heisst, du gehörst zu uns,
Auf der Südtribüne ist egal wer du bist,
Egal wie du heisst.

Wir sind: Die schwarz-gelbe Macht,
Wir sind: Die Macht im Ruhrpott,
Wir sind: Die schwarz-gelbe Macht,
Wir sind: Die Macht im Ruhrpott...

...Wir sind: Die schwarz-gelbe Macht,
Wir sind: Die Macht im Ruhrpott,
Wir sind: Die schwarz-gelbe Macht,
Wir sind: Die Macht im Ruhrpott.

Wir sind die Macht, die nie zerbricht,
Wir sind die Macht im Ruhrpott,
Wir sind das Ass, das immer sticht,
Wir sind die Macht im Ruhrpott,
Wir sind die Kraft, die nie vergeht,
Wir sind die Macht im Ruhrpott,
Wir sind der Wind, der nie verweht.

Wir sind Fans aus Dortmund,
So wird es immer sein,
Es gibt nur den BVB,
Den schwarz-gelben Verein,
Auf der Südtribüne ist egal wer du bist,
Egal wie du heisst, du gehörst zu uns,
Auf der Südtribüne ist egal wer du bist,
Egal wie du heisst...

...Wir sind: Die schwarz-gelbe Macht,
Wir sind: Die Macht im Ruhrpott,
Wir sind: Die schwarz-gelbe Macht,
Wir sind: Die Macht im Ruhrpott.

Wir sind: Die schwarz-gelbe Macht,
Wir sind: Die Macht im Ruhrpott,
Wir sind: Die schwarz-gelbe Macht,
Wir sind: Die Macht im Ruhrpott.

WIR SIND DORTMUND

Wir sind Dortmund Borussia,
Wir sind Dortmund Borussia,
Steh´n zusammen niemals allein,
Und wir sind stolz Borussen zu sein,
Kennst du auch das Kribbeln,
Vor dem spielbeginn,
Im herz schwarz-gelbe farben mittendrin,
Jeder gibt sein alles für den Ballverein,
Mit leib und auch mit seele freunde sein...

...Wir sind Dortmund Borussia,
Wir sind Dortmund Borussia,
Steh´n zusammen niemals allein,
Ond wir sind stolz Borussen zu sein,
Ja wir sind stolz Borussen zu sein.

Grad in schlechten Zeiten zählt verbundenheit,
Gemeinsam für einander einigkeit,
Brauchen wir die Menschen die vieles anders seh´n,
Gewalt ist keine hilfe sie kann geh´n.

Wir sind Dortmund Borussia,
Wir sind Dortmund Borussia,
Steh´n zusammen niemals allein,
Und wir sind stolz Borussen zu sein,
Ja wir sind stolz Borussen zu sein...

...Wir sind Dortmund Borussia,
Wir sind Dortmund Borussia,
Steh´n zusammen niemals allein,
Und wir sind stolz Borussen zu sein,
Ja wir sind stolz Borussen zu sein.

WIR STEHEN WIEDER

Wir stehen wieder im Westfalenstadion,
Um unsere Borussia spielen zu sehen,
Ganz egal was auch geschieht,
Wir singen Dein Lied,
Ob du gewinnst oder verlierst.

Lalalalala Lalalalala,
Lalalalala Lalalalala.

Ganz egal was auch geschieht,
wir singen Dein Lied,
Borussia BVB.

WIR WERDEN IMMER BORUSSEN SEIN

Dortmund, Dortmund,
Dortmund, Dortmund,
Und wir werden immer Borussen sein,
es gibt nie, nie, nie einen anderen Verein,
Dortmund, Dortmund,
Dortmund, Dortmund.

WIR WERDEN WIEDER DEUTSCHER MEISTER SEIN

Mit einer Abwehr aus Granit *klatsch klatsch klatsch*,
So wie einst Real Madrid *klatsch klatsch klatsch*,
Ja so zogen wir in die Bundesliga ein und wir werden wieder Deutscher,
Meister sein,
Dortmund, Dortmund, Dortmund..

WIR WOLLEN DORTMUND SIEGEN SEHEN

Wir wollen dortmund, wir wollen dortmund,
Wir wollen dortmund siegen sehen,
Oh, wie wär' das, oh, wie wär' das, oh, wie wär' das wunderschön.

WIR WOLLEN EUCH SIEGEN SEHN

Allez allez allez ohohoh,
Allez allez allez ohohoh,
Wir wolln euch siegen sehn,
Für unsern BVB.

WIR WOLL'N DORTMUND SIEGEN SEH'N

Wir woll'n Dortmund,
Wir woll'n Dortmund,
Wir woll'n Dortmund,
Siegen seh'n,
Oh wie wär das,
Oh wie wär das,
Oh wie wär das,
Wunderschön.

WIR WOLL'N EUCH SIEGEN SEH'N FÜR UNS'REN BVB

Wir woll'n euch siegen seh'n,
Für uns'ren BVB,
Allez, Allez, Alleeez, Ooohoooo.
Wir woll'n euch siegen seh'n,
Für uns'ren BVB,
Allez, Allez, Alleeez, Ooohoooo.

WIR ZIEH'N VORRAN

Wir zieh'n vorran,
Als euer 12. Mann,
Durch Regen und Wind,
Durch Sturm und Schnee,
BVB Olé.

WOHIN DIE REISE GEHT

Wohin die Reise geht,
Wohin die reise geht,
Auf welchem platz due stehst,
Die fahnen wehen im wind,
Wir sind dabei,
Die stimme sich erhebt,
Das ganze stadion lebt,
Nur für unsre farben,
Schwarz und gelb! ohohohoho,
Alles nur für dich,
Ballspielverein...

YOU'LL NEVER WALK ALONE

When you walk,
Through a storm,
Hold your head up high,
And don't be afraid of the dark,
At the end of the storm,
There's a golden sky,
And the sweet, silver song of a lark,
Walk on, through the wind,
Walk on, through the rain,
Though your dreams be tossed and blown.

Walk on,
Walk on with hope in your heart,
And you'll never walk alone,
You'll never walk alone,
Walk on, walk on with hope in your heart,
And you'll never walk alone,
You'll never walk alone.

ZIEHT DEN BAYERN DIE LEDERHOSEN AUS

Zieht den Bayern die Lederhosen aus.

ZUSAMMEN

Zusammen,
Ohoho zusammen,
Wenn borussia spielt,
Schrei'n wir sie jungs nach vorn',
Umd bei jedem spiel,
Holen wir den sieg,
Zusammen,
Schalalalal schalalalala...

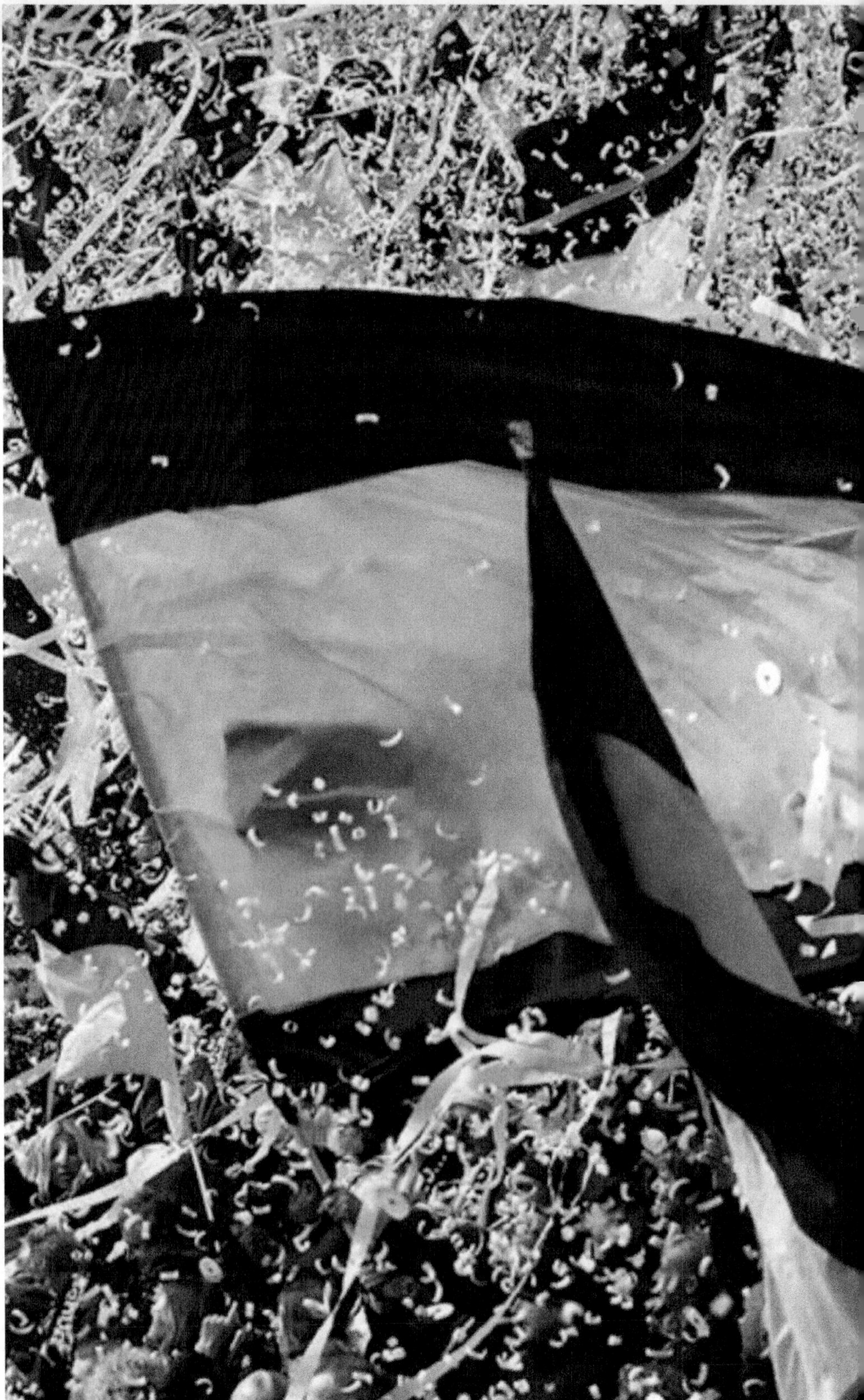

Printed in Great Britain
by Amazon